여성을 위한
성범죄 법률상식

가림M&B

여성을 위한
성범죄 법률상식

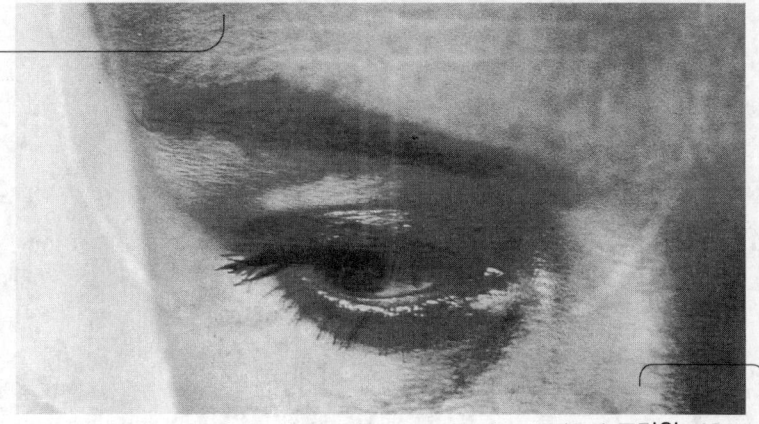

변호사 조명원 지음

가림 M&B

여성을 위한
성범죄 법률상식

2000년 11월 1일 제1판 1쇄 인쇄
2000년 11월 10일 제1판 1쇄 발행

지은이/조명원
펴낸이/강선희
펴낸곳/가림M&B
기획·편집/장연수·이선희·김진호·홍경숙·손일호·이정아
마케팅/강명희·김종열

인쇄/홍이인쇄
제본/원진제책

등록/1999. 1. 18. 제5-89호
주소/서울시 광진구 구의동 57-71 부원빌딩 4층
대표전화/458-6451 팩스/458-6450
인터넷 http://www.galim.co.kr
e-mail galim@galim.co.kr
천리안 ID galimmb

값 8,000원

ⓒ 조명원, 2000

저자와의 협의하에 검인을 생략합니다.
이 책의 무단 복제나 전재를 금합니다.

ISBN 89-89107-09-1 13340

머리말

　인간에게 있어 성에 관한 자유는 생명과 더불어 가장 고귀한 것으로서 생존과 종족유지를 위한 천부적 권리라 하겠다.
　따라서 여성의 성적 자유를 침해하는 강간과 추행에 대해서는 동서고금을 막론하고 옛부터 엄중한 처벌을 해왔다.
　우리나라는 1970~80년대 산업사회를 거쳐 21세기 정보화사회로 진입하면서 전통적인 윤리관과 가치관이 붕괴되기 시작하였고, 그에 따라 성범죄도 기하급수적으로 폭증하면서 흉포화하는 심각한 현상을 초래하게 되었다. 최근에는 정보통신매체를 이용한 새로운 유형의 성범죄까지 등장하고 있는 실정이다. 특히, 청소년층의 성범죄증가와 반인륜적인 성범죄의 발생은 실로 심각한 사회문제가 아닐 수 없다.
　그에 따라 성범죄를 예방하고 그 피해자를 보호하는 문제는 국민의 인권을 보호하고 사회질서를 확립하는 문제와도 직결되는 사회적 과제로까지 대두되고 있는 실정이다. 그러나 아직도 성범죄의 증가현상이 계속되고 있는 것은 성범죄의 심각성에 대한 사회적 인식이 부족하고, 법률적 지식이 부족한 데도 상당한 원인이 있는 것으로 보여진다.
　특히, 최근에는 성희롱의 문제를 둘러싸고 사회 각 부문과 직장에서는 남녀간의 이성관계에 있어 새로운 성모럴에 관한 혼돈 현상까지 초래하고 있는 실정이다.

♦ ♦ ♦ ♦

 이 책은 저자가 20년간의 법조생활을 하면서 그 동안의 실제사건을 통하여 경험하였던 성범죄의 문제점들을 전문가가 아닌 일반인들도 쉽게 이해할 수 있도록 사례를 중심으로 평이하게 한 권의 책으로 엮은 것이다.

 성범죄에 관한 법률상식서가 될 수 있도록 우리나라 각 법률에 산재하여 있는 성범죄에 관한 법규들을 피해자 보호를 중심으로 되도록 쉽게 설명하려고 노력하였다.

 이 책이 성폭력의 피해를 당하였거나 우발적으로 성범죄를 저지르고 남몰래 고민하고 있는 사람은 물론, 성폭력피해의 심각성에 대하여 관심이 있는 모든 사람들로 하여금 성범죄에 관한 법적 문제를 이해하는 데 도움을 줌으로써 성범죄 예방과 인권보호에 조그마한 보탬이라도 되었으면 하는 바람이다.

2000. 10.
서초동 사무실에서
저자 씀

CONTENTS

머리말 / 9

제1장 성폭력범죄

1. '성폭력'이란 어떤 범죄인가 ● 19
2. '성폭력'과 '성희롱'은 어떻게 다른가 ● 21
3. 성폭력 범죄는 가중 처벌된다 ● 23
4. 성폭력피해자의 비밀보호 ● 25
5. 성폭력범죄의 신고의무 ● 27
6. 성폭력범죄의 유형 ● 29

제2장 성폭력범죄와 피해자의 고소

1. 성범죄는 반드시 고소하여야만 처벌할 수 있는가 ● 37
2. 성폭력범죄의 고소기간 ● 39
3. 피해자의 고소가 없어도 처벌할 수 있는 성폭력범죄 ● 41
    (1) 비친고죄인 성폭력범죄 / 41
    (2) 성폭력으로 상해가 발생한 경우 / 43
    (3) 흉기를 휴대하고 성폭력을 행사한 경우 / 44
    (4) 2인 이상이 함께 성폭력을 행사한 경우 / 45
    (5) 절도나 강도범이 성폭력을 행사한 경우 / 46
    (6) 친족관계에 있는 자가 성폭력을 행사한 경우 / 47
    (7) 신체장애인에 대하여 성폭력을 행사한 경우 / 49
4. 고소취소의 효과 ● 51
5. 고소사건 처분결과에 대한 불복방법 ● 54

CONTENTS

제3장 강간죄

1. '강간'이란 어떤 범죄인가 ● 59
2. 강간죄의 유형 ● 62
3. 피해자의 고소가 없어도 처벌할 수 있는 강간죄 ● 65
   (1) 비친고죄인 강간죄 / 65
   (2) 강간치상죄와 강간치사죄 / 67
   (3) 특수강간죄 / 70
   (4) 주거침입자의 강간죄 / 71
   (5) 강도 강간죄 / 74
   (6) 친족관계에 의한 강간죄 / 75
   (7) 신체장애인에 대한 간음죄 / 78
4. 강제가 아닌 단순간음만으로 강간죄에 준하여 처벌되는 사례 ● 81
   (1) 강제가 아닌 성행위의 형사처벌문제 / 81
   (2) 준강간죄 / 82
   (3) 미성년자 등에 대한 간음죄 / 85
   (4) 미성년자 의제강간죄 / 87
   (5) 업무상 위력 등에 의한 간음죄 / 88
5. 강간죄의 성립 여부가 문제되는 사례 ● 91
   (1) 여자도 강간죄로 처벌할 수 있는가 / 91
   (2) 여자의 남자에 대한 강간죄의 성립 여부 / 93
   (3) 처녀막파열도 강간치상죄에 해당하는 상해인가 / 95
   (4) 부부 사이에도 강간죄가 성립하는가 / 97

CONTENTS

제4장 강제추행죄

1. '강제추행'이란 어떤 범죄인가 ● 103
2. 강제추행죄의 유형 ● 107
3. 피해자의 고소가 없어도 처벌할 수 있는 강제추행죄 ● 110
   - (1) 비친고죄인 강제추행죄 / 110
   - (2) 강제추행치상죄와 강제추행치사죄 / 112
   - (3) 특수강제추행죄 / 114
   - (4) 주거침입자의 강제추행죄 / 115
   - (5) 특수강도 강제추행죄 / 117
   - (6) 친족관계에 의한 강제추행죄 / 118
   - (7) 신체장애인에 대한 추행죄 / 121
4. 강제가 아닌 경우에도 강제추행죄에 준하여 처벌할 수 있는 사례 ● 123
   - (1) 강제가 아닌 추행의 형사처벌문제 / 123
   - (2) 준강제추행죄 / 125
   - (3) 미성년자 등에 대한 추행죄 / 127
   - (4) 미성년자 의제강제추행죄 / 129
   - (5) 업무상 위력 등에 의한 추행죄 / 130
5. 공중밀집장소에서의 추행죄 ● 133
6. 통신매체이용 음란죄 ● 135
7. 카메라 등 이용 촬영죄 ● 137

CONTENTS

제5장 기타 성폭력 범죄

1. 음행매개죄의 성립요건 ● 141
2. 공연음란죄의 요건 ● 143
3. 추행, 간음 등을 위한 약취·유인죄의 요건 ● 145
4. 부녀매매죄의 성립요건 ● 147
5. 결혼목적 약취·유인죄의 요건 ● 148

제6장 간통죄

1. '간통'이란 어떤 죄인가 ● 153
   (1) 간통의 의미 / 153
   (2) 배우자 / 154
   (3) 성교행위 / 154
   (4) 배우자의 고소 / 155
2. 간통죄와 피해자의 고소 ● 156
   (1) 간통죄의 고소절차 / 156
   (2) 간통죄의 고소에 있어 유의할 점 / 157
   (3) 고소취소의 효과 / 159
   (4) 고소를 취소하였다가 다시 고소할 수도 있는가 / 161
3. 간통죄로 고소할 수 없는 사례 ● 163
   (1) 남편이나 아내는 용서하고 상간자인 상대방만 고소하여 처벌할 수도 있는가 / 163
   (2) 일단 용서를 해준 후에 다시 간통죄로 고소할 수 있는가 / 164
   (3) 이혼심판청구 후의 동거와 간통의 용서 여부 / 166

  4. 간통죄의 입증에 필요한 증거의 정도 ● 168
  5. 간통죄의 성립 여부가 문제되는 사례 ● 170
    (1) 화대를 받는 매춘부 등 직업여성의 경우에도 간통죄가 성립하는가 / 170
    (2) 상간자가 유부남 또는 유부녀인 사실을 몰랐을 경우의 간통죄 성립 여부 / 171

제7장 혼인빙자 간음죄

  1. '혼인빙자간음죄'란 어떤 죄인가 ● 177
  2. 혼인빙자간음죄의 고소에 있어서 유의할 점 ● 179

제8장 윤락행위

  1. 윤락행위의 의미 ● 183
  2. 윤락행위금지 위반죄 ● 185
  3. 윤락행위매개죄 ● 186
  4. 풍속영업자의 윤락행위 ● 188

CONTENTS

부 록 성범죄 관련 법령

◆형법(발췌) / 191
◆형사소송법(발췌) / 196
◆성폭력범죄의처벌및피해자보호등에관한법률 / 200
◆성폭력범죄의처벌및피해자보호등에관한법률시행령 / 210
◆성폭력범죄의처벌및피해자보호등에관한법률시행규칙 / 212
◆특정강력범죄의처벌에관한특례법 / 217
◆윤락행위등방지법 / 221
◆풍속영업의규제에관한법률 / 230
◆아동복지법(발췌) / 233
◆남녀차별금지및구제에관한법률 / 237
◆남녀고용평등법 / 245

[제1장] 성폭력범죄

1. '성폭력'이란 어떤 범죄인가
2. '성폭행'과 '성희롱'은 어떻게 다른가
3. 성폭력범죄는 가중처벌된다
4. 성폭력피해자의 비밀보호
5. 성폭력범죄의 신고의무
6. 성폭력범죄의 유형

'성폭력'이란 어떤 범죄인가

여대생인 채영신은 미팅에서 만난 친구들과 야영을 하던 중, 평소 호감을 갖고 있던 이몽룡과 성관계까지 갖게 되었다.
채영신은 그 당시에는, 성관계는 거절하였으나 이몽룡이 결혼하자는 말을 하면서 집요하게 구는 바람에 결국 성관계를 갖게 되었다.
그런데 후에 채영신은 이몽룡이 총각도 대학생도 아닌 어린애까지 있는 유부남이며, 더군다나 자신을 속이고 성관계를 하였다는 사실을 알게 되었다.
이 경우, 채영신은 이몽룡을 성폭력범으로 고소하여 처벌받게 할 수 있을까?

성폭력이란 용어가 최근 우리 사회에서 널리 사용되고 있으나 법률상으로 그 용어가 등장하기 시작한 것은 1994. 4. 1.부터 시행된 "성폭력범죄의처벌및피해자보호등에관한법률"이 최초의 법률이다.[1]
그러나 동 법률에서도 '성폭력'의 의미에 관하여는 구체적인 규정이 없고 다만, 동 법률 제2조에서 강간·강제추행 등의 죄를 '성폭력범죄'로 규정하고 있을 뿐이다.[2]

따라서 위 법률의 취지에 비추어 보면, 결국 '성폭력'이란 피해자 본인의 의사에 반하는 모든 성범죄행위, 즉 간음 및 추행과 이에 관련된 모든 행위를 의미하는 것이고, '성폭력범죄'란 이러한 행위에 해당하는 성범죄를 총체적으로 일컫는 말이라고 할 수 있다.[3]

즉 '성폭력범죄'란 피해자 본인의 의사에 반하는 성범죄행위를 말하는 것이므로, 〈사례〉의 경우는 성폭력범죄에 해당한다고 볼 수 없다. 왜냐하면 채영신이 이몽룡의 거짓말에 속아서 성관계를 가진 것은 사실이라 할지라도, 성관계 자체가 채영신의 의사에 반하여 이루어진 것은 아니므로 이를 가리켜 '성폭력'이라고 할 수는 없기 때문이다.

따라서 채영신이 이몽룡을 성폭력범죄로 고소하여 처벌받게 할 수는 없을 것이다. 다만, 〈사례〉와 같은 경우는 성폭력범죄에는 해당하지 않지만 '혼인빙자간음죄'에는 해당될 수 있으므로 혼인빙자간음죄로는 고소할 수 있을 것이며, 또 민사적으로 불법행위로 인한 손해배상청구도 가능하다고 하겠다.

그러나 성폭력범죄와 혼인빙자간음죄는 그 형량에 있어 큰 차이를 보이고 있고, 또 고소기간 등 피해자 보호에 관하여도 많은 차이점이 있음을 유의하여야 한다.

'혼인빙자간음죄'에 관한 상세한 내용은 제7장의 설명을 참고하기 바란다.

2. '성폭행'과 '성희롱'은 어떻게 다른가

직장 여성인 박순진은 출근 때마다 차마 입에 담을 수도 없는 음담을 늘어놓으면서 음탕한 눈으로 몸매를 훑어보는 등 성추행을 하고 있는 직장 동료 박치한 때문에 직장을 그만두어야 할 정도의 정신적 고통을 겪고 있는데 이와 같은 경우처럼 같은 직장 내에서 생활하고 있는 남자 직장 동료가 성추행할 경우 그 동료를 성폭력범으로 고소하여 처벌받게 할 수 있을까?

성폭력이란 피해자 본인의 의사에 반하는 일체의 '성범죄 행위'를 뜻하는 것으로, 최근 우리 사회에 새로이 대두되고 있는 '성희롱'이라는 말보다는 좁은 의미의 개념이다.

즉 '성폭력'은 범죄가 성립하는 경우의 개념이지만 '성희롱'은 비록 범죄성립은 되지 않더라도 피해자의 의사에 반하여 일방적으로 이루어지는 경우에는 성립할 수 있는 개념으로서 '성폭력'보다는 그 개념의 범위가 넓다.

따라서 〈사례〉의 경우는 '성폭력'으로까지는 진전되지 아니한 '성희롱'에 불과한 사안이므로 형사상 문제는 없지만 다만, 경범죄처벌법이나 민사상의 불법행위로 인한 손해배상책임 등이 문제될 것이다.

그러므로 박순진은 박치한을 상대로 경범죄로 경찰에 신고하거나 민사상 손해배상을 청구할 수는 있으나 성폭력범죄로 고소는 할 수 없다.

'성희롱'이라는 용어가 법률용어로서 등장한 최초의 법률은 1999. 2. 8. 제정된 "남녀차별금지및구제에관한법률"과 같은 날짜로 개정된 "남녀고용평등법"이다. 즉 그 동안은 단지 사회적 용어로서 '성희롱'이라는 의미를 판단할 수밖에 없었으나 위 법률에 '성희롱'이라는 용어가 등장함으로써 비로소 그 법률적 의미를 갖게 된 것이다.

"남녀차별금지및구제에관한법률"제2조 제2호에서는 '성희롱'이라 함은 ① 업무, 고용, 기타 관계에서 ② 공공기관의 종사자, 사용자 또는 근로자가 ③ 그 지위를 이용하거나 업무 등과 관련하여 ④ 성적언동 등으로 성적굴욕감 또는 혐오감을 느끼게 하거나 ⑤ 성적언동, 기타 요구 등에 대한 불응을 이유로 고용상의 불이익을 주는 것을 말한다."라고 규정하고 있다.

한편 "남녀고용평등법"제2조의 2 제2항에서는 직장 내 성희롱이라 함은 ① 사업주, 상급자 또는 근로자가 ② 직장 내의 지위를 이용하거나 업무와 관련하여 ③ 다른 근로자에게 성적(性的)인 언어나 행동 등으로 또는 이를 조건으로 고용상의 불이익을 주거나 또는 성적굴욕감을 유발하게하여 고용환경을 악화시키는 것을 말한다."라고 규정하고 있다.

이처럼 현행 법률상에 규정된 '성희롱'의 개념은 고용 및 직장을 중심으로만 규정하고 있을 뿐이다. 그러나 우리 사회에서는 이미 성희롱이 불법행위를 구성한다는 점에 대하여는 일종의 사회적 합의가 형성되어 있는 점에 비추어 볼 때, '성희롱'에 대하여는 보다 구체적이고 보편적인 법률의 제정이 필요하다고 할 것이다.

대법원 판례도 "이른바 성희롱의 불법행위 성립 여부를 판단함에 있어 이를 고용관계에 한정할 것이 아니다."라고 판시한 바 있다.

3. 성폭력범죄는 가중처벌된다

중매로 약혼을 하게 된 김 모씨는 마지막으로 전에 사귀었던 강△△를 만나러 나갔다가 강△△와 그의 친구 3명에게 강간을 당했다. 그러나 김 모씨는 결혼을 앞두고 그러한 사실이 알려질 경우 파혼당할 것이 두려워 고소도 하지 못한 채 고통의 나날을 보내고 있는데 이러한 경우, 고소하지 않고도 강△△와 그의 친구들을 처벌 받게 하는 방법은?

성폭력범죄는 원칙적으로 피해자의 고소가 있어야만 범인을 처벌할 수 있는 '친고죄'이다. 그리고 이러한 '친고죄'에 대하여는 범인을 알게 된 날로부터 6개월이 지나면 법률상 고소를 할 수 없게 규정되어 있다.4)

그러나 "성폭력범죄의처벌및피해자보호등에관한법률"은 피해자의 보호를 위하여 위와 같은 고소기간을 6개월에서 1년으로 연장하여 규정하고 있고, 나아가 그 범죄가 너무 중하여 형사처벌 여부를 피해자의 의사에만 맡겨둘 수 없다고 보여지는 성폭력범죄에 대하여는 피해자의 고소가 없더라도 처벌할 수 있는 특별규정을 두고 있다.

〈사례〉의 경우는, 강△△ 등 세 명이 합동하여 김 모씨를 강간한 윤간으로서 비인간적인 범죄이므로 "성폭력범죄의처벌및피해자보호등에관한법률"에서는 이러한 범죄를 '특수강간죄'로 규정, 피해자의 고소가 필요 없는 비친고죄로 규정하는 한편 그 형량도 무기 또는 5년 이상의 징역에 처하도록 가중처벌규정을 두고 있다.

따라서 〈사례〉에 있어서 김 모씨가 강△△ 등을 고소하지 않더라도 법정형이 중한 특수강간죄로 처벌할 수 있다.

이처럼, "성폭력범죄의처벌및피해자보호등에관한법률"에서는 범인의 처벌과 피해자의 보호 등을 위하여 일반 형법에는 없는 몇 가지 성범죄에 관한 처벌규정을 신설하는 한편, 형법 등 기존의 법률에 규정된 성범죄의 법정형을 상향하여 엄하게 가중처벌할 수 있도록 규정하고 나아가 피해자 보호를 위한 특별한 절차 규정을 신설하고 있다.

그 대표적인 것으로 형법에 없는 "특수강간 및 특수강제추행죄", "신체장애인에 대한 특수간음 및 추행죄", "친족관계에 의한 강간 및 강제추행죄", "업무상위력 등에 의한 추행죄", "공중밀집장소에서의 추행죄", "통신매체이용 음란죄", "카메라 등 이용촬영죄" 등을 신설하고, 피해자 보호 등을 위하여 친고죄의 고소기간을 6개월에서 1년으로 연장하는 한편, 신체장애인에 대한 성폭력과 친족관계에 의한 성폭력범죄를 비친고죄로 규정하고, 그 재판 등의 절차를 비공개리에 신속하게 진행할 수 있는 특별규정을 두고 있다.[5]

또한 "특수강간 및 강제추행죄" 등은 특정강력범죄의처벌에관한특례법의 적용을 받는 특정강력범죄로 규정하여 수사와 재판절차가 신속하게 진행됨은 물론이고, 그러한 특정강력범죄로 형의 선고를 받아 그 집행을 종료하거나 면제받은 후 10년 안에 또다시 특정강력범죄를 범한 때에는 다시 집행유예를 선고하지 못하도록 하는 특별규정까지 두고 있다.[6]

4. 성폭력피해자의 비밀보호

가정주부인 이순진은 강원도 산골에 있는 친정집을 다녀오는 길에 친정 동리의 불량배 박치한으로부터 강간을 당한 일이 있다. 그런데 최근에 불량배 박치한은 뻔뻔스럽게도 남편에게 모든 사실을 알리겠다고 협박하면서 이순진에게 돈을 요구하고 있다. 그러나 이순진으로서는 박치한의 요구를 들어 줄 수도 없고, 한편으로는 그러한 사실이 남편에게 알려지는 것이 두려워 드러내놓고 박치한을 고소할 수도 없는 형편이다. 이순진의 피해가 더욱 커지지 않도록 그 비밀을 보호하면서 박치한을 처벌할 수 있는 방법은?

성폭력 피해자의 경우는 그 범행의 특성상 이순진과 같은 딱한 처지에 놓이게 되는 경우가 대부분이다.

따라서 "성폭력범죄의처벌및피해자보호등에관한법률"은 피해자의 사생활을 보호하기 위하여 몇 가지 비밀보호규정을 두고 있다.[7]

즉 성폭력범죄의 수사나 재판에 관여하는 공무원은 피해자의 주소, 성명, 연령, 직업, 용모 등 피해자에 관한 인적사항이나 사진 등을 공개하거나 이를 타인에게 누설하여서는 아니되며, 성폭력범인을 소추하는 경우에도 소추에 필요한 범죄구성사실을 제외한 피해자의 사생활에 관한 비밀을 공개하거나 이를 누설하여서는 아니된다는 비밀누설금지 규정을 두고 있다.

그리고 재판에서 성폭력범죄를 심리함에 있어서도 피해자 보호를 위하여 비공개로 재판을 할 수 있고, 피해자 본인도 증인으로 진술함에 있어 비공개신청을 할 수 있도록 규정하였으며 나아가 법정 이외의 장소에서 증인신문을 할 수 있는 길도 열어 놓고 있다.

또한 수사나 재판시에 피해자를 참고인이나 증인으로 신문할 때에는 피해자의 신청에 의하여 피해자가 믿을 만한 사람을 동석하게 할 수 있고, 피해자가 공판기일에 출석하여 증언하는 것이 현저히 곤란한 사정이 있는 때에는 검사에게 요청하여 형사소송법 제184조에 의하여 사전에 증거보전의 절차를 취할 수도 있다.

뿐만 아니라 성폭력피해상담소 등에서 일하는 사람에게도 직무상 알게 된 사실 등의 누설금지 규정을 두고 이를 위반하였을 때에는 형사처벌할 수 있는 처벌규정까지 두고 있다.[8]

물론, 이와 같은 피해자의 비밀 보호규정이 충분한 것이라고는 할 수 없겠으나, 〈사례〉에 있어서 이순진도 이러한 비밀보호규정을 이용하면서 박치한을 고소하여 처벌할 수 있을 것이다.

5

성폭력범죄의 신고의무

고교 1년생인 이 모양은 친구들과 함께 가출 후 레스토랑에서 아르바이트를 하면서 셋방을 얻어 생활하던 중 남자 종업원들에게 윤간을 당한 일이 있다. 그리고 이 같은 사실을 뒤늦게 알게 된 이 모양의 부모는 남자 종업원들을 강간죄로 고소하여 구속까지 시킨 일이 있는데, 레스토랑 사장도 이 일을 모두 알고 있었다는 사실을 수사과정에서 알게 되었다.
이러한 경우, 종업원들의 성폭행 사실을 알고도 신고치 아니한 레스토랑 사장은 아무런 형사책임도 없는 것인가?

〈사례〉는 성폭력범죄의 신고의무에 관한 문제이다.
일반적으로 범죄사실의 신고의무는 법률에 특별한 규정이 있는 경우를 제외하고는 이를 강제할 수 없다. 따라서 범죄를 신고하지 않았다는 이유로 형사처벌도 할 수 없다.
그러나 성폭력범죄는 비인간적인 강력범죄로서, 그 피해자는 성폭력을 당하였다는 수치심 등으로 인하여 이를 적극적으로 신고하거나 고소하기 어려운 특성이 있는 바, 이러한 점을 고려하여 성폭력범죄처벌및피해자보호등에관한법률 제22조의 3은 "18세 미만의 사람을 보호하거나 교육 또는 치료하는 시설의 책임자 및 관련 종사자는 자기의 보호 또는 감독을 받는 사람이 특수강도강간(제5조), 특수강간(제6조), 친족관계에 의한 강간(제7조), 장애인에 대한 간음(제8조)의 범죄 피해자인 사실을 안 때에는 즉시 수사기관에 신고하여야 한다."는 규정을 두고 있다.

즉 위와 같은 자는 성폭력범인이 누구인지는 모른다고 할지라도 자기의 보호·감독하에 있는 사람이 성폭력 피해를 당한 사실을 안 때에는 이를 수사기관에 신고하여야 할 의무가 있는 것이다.

따라서 〈사례〉와 같은 경우는 물론이고, 학교의 선생님, 병원의 의사 등도 학생 또는 환자가 성폭력 피해자인 사실을 안 때에는 즉시 수사기관에 신고하여야 한다.

다만, 성폭력범죄처벌및피해자보호등에관한법률 제22조의 3에 관한 신고의무를 위반한 자에 대하여는 법률상 처벌규정이 없으므로, 비록 신고를 하지 않더라도 형사처벌의 대상은 되지 않는다.

법률적으로 신고의무에 관한 규정을 신설하였으므로, 이를 위반한 경우에 처벌할 수 있는 규정도 입법화하여야 한다는 의견이 있으나, 신고의무를 소홀히 한 것에 대한 형사처벌 규정의 신설 여부는 입법론적으로 신중히 검토하여야 할 문제라 하겠다.

성폭력범죄의 유형

직장 여성인 김 모양은 출근길에 골목에서 평소 자신을 짝사
랑하며 따라다니던 김 모군에게 기습적인 키스를 당하고 말
았다. 김 모양은 분하고 창피한 마음에서 김 모군을 성폭력
범으로 고소하려고 하는데, 성폭력범죄 중 어떤 죄로 고소할
수 있는가?

〈사례〉의 경우는 성폭력범죄 중 '강제추행죄'에 해당한다.
성폭력범죄에는 여러 가지 유형이 있으나, 우선 행위의 유형에 따라 '간음죄'와 '추행죄'로 나누어 볼 수 있다.

'간음죄'는 성교행위를 수반하는 성폭력범죄를 말하며, '추행죄'는 성교행위를 수반하지 아니하는 성폭력범죄를 말한다.

이러한 '간음죄'에는 강간, 준강간, 미성년자간음, 업무상위력 등에 의한 간음죄 등이 있고, '추행죄'에는 강제추행, 준강제추행, 미성년자추행, 업무상위력 등에 의한 추행, 공중밀집장소에서의 추행죄 등이 있다.

또한 성폭력범죄는 그 수단과 방법에 있어 폭행·협박 등으로 상대방의 반항을 억압하는 강제력을 수반하느냐의 여부에 따라 강간 및 강제추행죄와 준강간, 준강제추행 등의 죄로 나누어 볼 수도 있다.

  그리고 이러한 성폭력범죄의 유형을 형법상의 규정형식에 의하여 나누어 보면 강간과 추행의 죄, 약취와 유인의 죄, 기타 성폭력범죄 등으로 나누어 볼 수도 있다.

  이러한 각종 유형별 성폭력범죄의 구체적 설명은 해당 항목의 설명을 참조하기 바란다.

---

1) "성폭력범죄의처벌및피해자보호등에관한법률"은 최근 성범죄가 급증하면서 성폭력으로 인한 피해가 심각한 사회문제로 대두되자 성폭력을 예방하고 그 피해자를 보호하는 한편, 성폭력범죄의 처벌 및 그 처벌절차 등에 관한 특례규정을 마련하기 위하여 1993. 12. 정기국회에서 이를 제정하기에 이른 특별법이다.
2) "성폭력범죄의처벌및피해자보호등에관한법률" 제2조에 규정한 "성폭력범죄"는 ① 강간, ② 강제추행, ③ 업무상위력 등에 의한 간음 및 추행, ④ 미성년자 간음, ⑤ 간음 목적의 약취, 유인, 매매, ⑥ 음행매개, ⑦ 음화 등의 제작, 반포, ⑧ 공연음란죄 등이다.
3) 성폭력의 정확한 개념을 이해하기 위하여는 '간음', '추행', '강간', '강제추행' 등의 의미를 충분히 이해할 필요가 있는데 이에 대하여는 해당 항목의 설명을 참조하기 바란다.
4) 형사소송법 제230조 제1항.

5) 성폭력범죄의 처벌 및 절차에 관한 특례규정
1. 가중처벌규정

죄 명	가중처벌내용	적용법조
특수강도강간 등	① 주거침입, 야간주거침입절도와 그 미수, 특수절도와 그 미수의 죄를 범한 자가 강간, 강제추행, 준강간, 준강제추행을 한 때는 무기 또는 5년 이상의 징역	제5조 제1항
	② 특수강도와 그 미수의 죄를 범한 자가 위와 같은 범행을 한 때는 사형, 무기 또는 10년 이상의 징역	제5조 제2항
특수강간 등	흉기 등 위험한 물건을 휴대하거나 2인 이상이 합동하여, ① 강간 또는 준강간을 한 때는 무기 또는 5년 이상 징역 ② 강제추행 또는 준강제추행을 한 때는 3년 이상의 징역 ③ 위 행위로 상해를 발생케 한 경우는 무기 또는 7년 이상의 징역	제6조, 제9조 제1항
친족관계에 의한 강간 등	4촌 이내의 혈족, 2촌 이내의 인척이 ① 강간한 때는 5년 이상의 징역 ② 강제추행을 한 때는 3년 이상의 징역	제7조, 제9조 제2항
	③ 위 행위로 상해가 발생한 때는 무기 또는 5년 이상의 징역	제8조, 제9조 제2항
장애인에 대한 간음 등	신체장애 또는 정신상의 장애로 항거불능인 상태를 이용하여 간음 또는 추행한 때는 강간 또는 강제추행죄로 처벌, 상해가 발생한 때는 무기 또는 5년 이상의 징역	제8조의 2, 제10조
13세 미만 자 강간 등	① 13세 미만 자를 강간, 준강간한 때는 징역 5년 이상 ② 13세 미만 자를 강제추행, 준강제추행한 때는 징역 1년 이상 또는 벌금 5백만원 이상 2천만원 이하	
강간 등 살인, 치사	① 강간, 준강간, 강제추행, 준강제추행을 범한 자가 사람을 살해한 때는 사형 또는 무기징역 ② 특수강간, 특수강제추행범이 사람을 치사케 한 때에는 무기 또는 10년 이상의 징역	

2. 신설된 범죄

죄 명	가중처벌내용	적용법조
업무상위력 등에 의한 추행죄	① 업무, 고용, 기타 관계로 인하여 자기의 보호 또는 감독을 받는 사람에 대하여 위계 또는 위력으로서 추행한 때에는 2년 이하 징역 또는 5백만원 이하 벌금 ② 법률에 의하여 구금된 사람을 감호하는 자가 구금된 사람을 추행한 때는 3년 이하 징역 또는 1천5백만원 이하 벌금	제11조 제1항 제11조 제2항
공중밀집장소에서의 추행죄	대중교통수단, 공연, 집회장소, 기타 공중이 밀집하는 장소에서 사람을 추행한 자는 1년 이하 징역 또는 3백만원 이하 벌금	제13조
통신매체 이용 음란죄	성적 욕망을 유발하거나 만족시킬 목적으로 전화, 우편, 컴퓨터, 기타 통신매체를 통하여 성적 수치심이나 혐오감을 일으키는 말, 음향, 글, 도화, 영상, 물건을 상대방에게 도달하게 한 자는 1년 이하 징역 또는 3백만원 이하 벌금	제14조
카메라 등 이용 촬영죄	카메라 등 촬영장치를 이용하여 성적 욕망 또는 수치심을 느끼게 하는 타인의 신체를 그 의사에 반하여 촬영한 자는 5년 이하의 징역 또는 1천만원 이하 벌금	제14조의 2

3. 절차상의 특례

특 례	내 용	해당규정
비친고죄	특수강간 등(준강간, 강제추행, 준강제추행 포함)의 죄 친족관계에 의한 강간, 강제추행의 죄 신체장애인 또는 정신장애인에 대한 강간, 준강간, 추행 13세 미만 자에 대한 강간, 준강간, 강제추행, 준강제추행	제15조 제18조
고소제한에 대한 예외	성폭력범죄에 대해서는 자기 또는 배우자의 직계존속에 대하여도 고소 가능	

특 례	내 용	해당규정
고소기간에 대한 특례	성폭력범죄 중 친고죄에 대한 고소기간은 범인을 알게 된 때로부터 1년(일반 친고죄는 6개월)	제19조
피해자 보호 및 공판절차의 신속	성폭력범죄의 처벌 절차에는 특정강력범죄의처벌에관한특례법 적용	제20조
피해자의 신원과 사생활누설금지	성폭력범죄의 수사 또는 재판에 관여하는 공무원에게 비밀누설금지 의무 부과	제21조
심리의 비공개	성폭력 피해자의 사생활 보호를 위하여 비공개 재판 가능	제22조

6) 성폭력범죄의처벌및피해자보호등에관한법률 제20조, 특정강력범죄의처벌에관한특례법 제5조.
7) 성폭력범죄의처벌및피해자보호등에관한법률 제21조, 제22조, 제22조의 2~4, 제31조, 제35조 제3호.
8) 상담소 또는 보호시설 관련자가 비밀엄수의무를 위반한 때에는 2년 이하의 징역 또는 5백만원 이하의 벌금에 처한다.

[제 2 장]
성폭력범죄와 피해자의 고소

1. 성범죄는 반드시 고소하여야만 처벌할 수 있는가
2. 성폭력범죄의 고소기간
3. 피해자의 고소가 없어도 처벌할 수 있는 성폭력범죄
4. 고소취소의 효과
5. 고소사건처분결과에 대한 불복방법

성범죄는 반드시 고소하여야만 처벌할 수 있는가

미혼의 직장 여성인 이△△는 지난해 연말 망년 모임에서 술을 마신 후 만취상태에서 직장동료인 최 모씨에게 제대로 저항도 해보지 못하고 강간을 당하였다. 이△△는 너무도 분하고 억울하지만 만일 이러한 사실이 직장 내에 알려질 경우에는 직장생활을 계속 하기도 어려운 일이기 때문에 드러내놓고 최 모씨를 고소할 수도 없는 형편이다. 그러나 한편으로는 강간한 최 모씨를 용서할 수도 없는 심정이다.
이러한 경우, 최 모씨를 처벌하려면 이△△가 반드시 고소를 하여야만 하는가?

범죄의 대부분은 피해자의 고소를 요건으로 하는 '친고죄'이다. '친고죄'란 고소권자의 고소가 있어야만 공소를 제기할 수 있는 범죄, 즉 피해자의 고소가 있어야만 처벌할 수 있는 범죄를 말한다.

범죄 중에는 피해자가 그 피해사실을 감추고 싶어하는 범죄도 있다.

예를 들면, 명예훼손죄는 피해자가 이를 수사기관에 고소하여 공개적인 수사와 재판이 진행될 경우, 그 명예훼손이 되는 사실이 점점 더 많은 사람에게 알려지게 됨으로써 비록 가해자를 형사처벌하더라도 피해자의 명예는 더욱 훼손될 수밖에 없는 것이므로 이러한 경우에는 가해자에 대한 형사처벌 여부를 피해자의 의사에 따라 선택하게 할 필요가 있는데 이처럼 피해자의 고소를 형사처벌의 전제요건으로 규정한 범죄가 바로 '친고죄'인 것이다.

성범죄의 피해도 피해자의 명예나 장래에 대하여 피해자를 더욱 곤경에 빠뜨릴 수 있으므로, 형법은 성범죄의 대부분을 친고죄로 규정하고 있다. 즉 간통죄, 강간죄, 강제추행죄, 혼인빙자간음죄 등 대부분의 성범죄가 피해자의 고소가 있어야 처벌할 수 있는 친고죄인 것이다.

따라서 〈사례〉에 있어서도 강간을 당한 이△△가 최 모씨를 처벌하고 싶다면 부끄러움을 무릎쓰고라도 수사기관에 고소를 해야 한다.

그리고 이러한 고소는 범인을 알게 된 날로부터 1년 이내에 하여야만 적법한 고소가 된다는 것을 특히 유의하여야 한다.[1]

만일, 이△△가 고소를 할 것인가, 그만둘 것인가에 관하여 망설이다가 1년이 경과되면 영원히 고소를 할 수 없고, 따라서 그 후에는 아무리 최 모씨를 처벌하고 싶어도 처벌할 수 없게 되는 것이다.

다만, 이△△가 강간으로 인하여 상해를 입음으로써 강간치상죄가 성립되거나 특수강간죄 등이 성립되는 경우에는 이△△의 고소 여부에 관계 없이 최 모씨를 처벌할 수 있다.

이처럼 피해자의 고소를 필요로 하지 않는 경우, 즉 성범죄 중 친고죄가 아닌 경우에 대하여는 해당 항목의 설명을 참고하기 바란다.

성폭력범죄의 고소기간

<1> 저는 2년 전에 불량배로부터 강간을 당한 일이 있는데, 당시에는 그 범인이 누구인지 몰라 고소를 하지 못하고 있다가 최근에야 그 강간범이 서△△라는 사실을 알게 되었다. 지금이라도 서△△를 강간죄로 고소할 수 있는가?

<2> 김○○씨에게는 23세된 딸이 있다. 김씨는 딸이 2년 전에 한 동리에 살고 있는 이 모군으로부터 강제추행을 당한 일이 있었다는 사실을 최근에야 알게 되었다. 그래서 김씨가 이 모군에게 그러한 사실에 관하여 따지자 이 모군은 자신의 잘못을 뉘우치기는커녕 오히려 큰소리를 치고 있는데, 지금이라도 이 모군을 강제추행죄로 고소할 수 있을까?

강간죄와 강제추행죄는 피해자의 고소가 있어야만 처벌할 수 있는 '친고죄'이고, 그 고소는 피해자가 범인을 알게 된 때로부터 1년 이내에 하여야만 적법한 고소가 된다. 즉 친고죄인 성폭력범죄의 고소기간은 1년으로 규정되어 있기 때문이다.

그러나 이러한 1년의 고소기간은 피해자가 범인을 알게 된 날로부터 1

년을 계산하는 것이므로, 〈사례 1〉의 경우에 있어서는 피해자가 자신을 강간한 범인이 누구인지 모르고 있다가 최근에야 그 강간범이 서△△이라는 사실을 알게 되었으므로, 범인이 서△△이라는 사실을 알게 된 날로부터 1년 이내에만 고소를 한다면 범인을 처벌할 수 있다.

그러나 〈사례 2〉의 경우에는 고소가 불가능하다. 왜냐하면, 1년의 고소기간을 산정함에 있어 '범인을 알게 된 때'란 피해자가 범인을 알게 된 때를 의미하는 것이지 피해자의 부모가 범인을 알게 된 때를 뜻하는 것은 아니기 때문이다.

즉 김○○씨의 딸이 자신을 강제추행한 범인이 한 동리에 살고 있는 불량소년 이 모군이라는 사실을 처음부터 알고 있었으므로 피해자인 딸이 범인을 알게 된 때로부터는 이미 고소기간 1년이 지나버렸으므로 이 모군을 고소하여 처벌받게 할 수는 없게 되었다.[2]

이처럼 친고죄에 있어서는 고소기간이 범인의 처벌에 결정적인 역할을 하게 된다는 것을 특히 유의해야 한다.

3
피해자의 고소가 없어도 처벌할 수 있는 성폭력범죄

(1) 비친고죄인 성폭력범죄

시골에 살고 있는 가정주부입니다. 최근에 같은 동리에 살고 있는 최치한으로부터 강간을 당할 때 반항하다가 폭행까지 당하여 안면부 타박상 등의 상해를 입은 일이 있습니다. 그러나 좁은 시골 동리에서 소문이 퍼질 경우 앞으로의 가정생활 등에 엄청난 불행이 닥칠 것이 두려워 최치한을 고소하지 않고 없던 일로 덮어두기로 작정하였습니다. 그런데 경찰에서 그 일을 어떻게 알았는지 최치한을 연행하여 구속수사를 한다고 합니다. 성범죄는 피해자의 고소가 있어야 처벌할 수 있다고 하는데, 이처럼 피해자가 고소를 할 생각이 없는 경우에도 경찰에서 수사를 할 수 있는 것인가요?

폭력범죄는 일반적으로 피해자의 고소가 있어야만 처벌할 수 있는 '친고죄' 이다.

우리 사회에서 여성이 강간 등 성폭력을 당하였다는 사실은 그 여성에게 매우 수치스러운 일이고, 또 개인의 명예나 장래 가정생활에도 엄청난 불이익을 가져올 수 있는 것이다.

 따라서 피해자에 따라서는 비록 성폭력을 당한 것이 분하고 억울한 일이기는 하지만 더 이상 소문을 내지 않고 그대로 묻어 두고 싶어하는 경우도 있다.

 따라서 법률은 이러한 성범죄의 특성을 고려하여 피해자의 마음에 따라 형사처벌 여부를 선택할 수 있도록 피해자의 고소를 형사처벌의 전제조건으로 규정하고 있는데, 이를 '친고죄'라고 부른다.

 즉 친고죄인 성폭력범죄는 피해자의 고소가 있어야만 수사가 시작되며, 피해자의 고소로 범인이 구속되었다가도 1심 판결선고 전에 피해자가 고소를 취소하면 처음부터 고소가 없었던 것처럼 즉시 석방된다.

 그러나 모든 성폭력범죄가 고소를 전제조건으로 하는 친고죄는 아니다.

 성폭력범죄에 따라서는 그 범죄가 너무 중하여 형사처벌 여부를 피해자의 의사에만 맡겨둘 수 없는 경우가 있는데 이러한 범죄의 경우에는 피해자의 고소가 필요 없으며, 설령 피해자가 고소를 취소하면서 선처를 탄원하더라도 엄중한 처벌을 받게 된다.

 〈사례〉의 경우에도, 만일 피해자에게 상해가 발생되지 아니하였다면 단순한 강간죄로서 친고죄에 해당하므로 피해자의 고소가 없으면 경찰에서도 죄치한을 수사하여 처벌할 수 없다. 그러나 〈사례〉는 강간으로 인하여 상해가 발생한 사안으로 이는 '강간치상죄'에 해당하므로 이 경우에는 비친고죄로서 피해자의 의사와는 관계 없이 경찰에서는 죄치한을 수사하여 처벌할 수 있다.

(2) 성폭력으로 상해가 발생한 경우

옹녀는 2년 전에 유원지에서 술취한 불량배 변강쇠로부터 강제추행을 당하여 음부에 염증까지 생기는 상해를 입은 일이 있었다. 이러한 경우에 옹녀가 변강쇠를 처벌하려면 반드시 고소를 하여야만 하는가? 그리고 이미 2년이나 지났는데도 지금 고소가 가능한가?

일반적으로 성폭력범죄는 피해자의 고소가 있어야만 처벌할 수 있는 친고죄이고, 그 고소기간도 피해자가 범인을 안 날로부터 1년으로 제한되어 있다.

그러나 성폭력으로 인하여 상해가 발생된 경우에는 그 피해가 특히 중한 점을 고려하여 예외적으로 피해자의 고소 여부에 관계 없이 처벌할 수 있는 비친고죄로 규정되어 있고, 또한 그 형량도 상해가 발생되지 아니하였을 경우보다 더욱 중하게 가중처벌하도록 규정하고 있다.

이처럼 성폭력으로 인하여 피해자가 상해를 입은 경우에는 그 성폭력이 간음이냐, 추행이냐에 따라 강간치상죄 또는 강제추행치상죄가 성립하게 되는데 형법 제301조는 이러한 모든 죄에 대하여 무기 또는 5년 이상의 징역에 처하도록 규정되어 있다.[3]

따라서 위 〈사례〉의 경우는 '강제추행치상죄'가 성립하는 경우로서 피해자인 옹녀의 고소 여부에 관계 없이 변강쇠를 처벌할 수 있으며, 또한 강제추행치상죄는 친고죄가 아니므로 범인을 알게 된 날로부터 1년 이내에 고소하여야 한다는 고소기간의 제한도 받지 아니하며 공소시효가 완료되기 전에는 언제라도 고소가 가능하다.[4]

그러므로 옹녀는 지금이라도 변강쇠를 성폭력범으로 고소할 수 있고, 만일 고소하는 것이 번거롭다면 단순히 신고만 하더라도 변강쇠를 강제추행치상죄로 엄하게 처벌할 수 있다.

(3) 흉기를 휴대하고 성폭력을 행사한 경우

저는 아파트 지하주차장에서 강간을 당한 적이 있습니다. 불량배가 칼을 들고 위협하는 바람에, 겁에 질려 제대로 반항도 해보지 못하고 강간을 당했습니다.
그러나 아파트단지 내에서 다른 사람의 이목이 두려워 고소도 하지 못하고 있는 사이에 2년여의 세월이 지나버렸습니다. 그런데 그 불량배가 다시 저를 쫓아다니며 추근거리고 있습니다. 이대로는 도저히 그냥 놔둘 수는 없다고 생각되는데, 이제라도 2년 전의 강간사실로 그 불량배를 고소할 수는 없는지요?

〈사례〉는 '특수강간죄'에 해당하는 성폭력범죄로서 피해자의 고소 여부에 관계 없이 처벌할 수 있다.
'특수강간죄'란 흉기, 기타 위험한 물건을 휴대하거나 2인 이상이 합동하여 부녀자를 강간하는 범죄로서 이러한 성폭력범죄는 사람을 해칠 위험성이 특히 높은 것이기 때문에 "성폭력범죄의처벌및피해자보호등에관한법률"에서는 이러한 성폭력범죄를 특수강간죄로서 피해자의 고

소 여부에 관계 없이 최고 무기징역까지 선고할 수 있도록 엄하게 규정하고 있다.5)

따라서 〈사례〉의 경우는 특수강간죄에 해당하므로 피해자의 고소 여부에 관계 없이 처벌이 가능하며, 또한 친고죄가 아니므로 고소기간에 제한을 받지 아니하고 공소시효완성 전에는 언제라도 고소할 수 있다. 또 고소하기 어려운 사정이 있는 경우에는 고소가 아닌 단순 신고만으로도 범인을 특수강간죄로 처벌할 수 있다.

(4) 2인 이상이 함께 성폭력을 행사한 경우

미혼의 강○○씨는 한강고수부지에서 애인과 데이트를 하던 중 불량배 3명에게 납치되어 여러 명으로부터 윤간을 당한 일이 있다. 다행히 강씨는 그로 인하여 상해는 입지 않았으나 정신적 고통은 이루 말할 수 없는 상태인데, 이러한 경우에 강씨가 고소를 하지 않고도 그 불량배들을 처벌할 수 있는 방법은?

〈사례〉는 이른바 윤간(輪姦)행위로서 가장 비인간적인 성폭력범죄이다.

이처럼 여러 명이 합동하여 부녀자를 강간하는 등 성폭력을 행사하는 경우에는, 그 행태가 실로 비인간적일 뿐만 아니라 피해자의 정신적, 육체적 타격도 그만큼 커지므로 "성폭력범죄의처벌및피해자보호등에관한

법률"은 이러한 성폭력범죄를 특히 엄하게 처벌하기 위하여 '특수강간죄'로서 피해자의 고소가 필요 없는 비친고죄로 규정하고 있고, 그 형량도 최고 무기징역까지 선고할 수 있도록 규정하고 있다.

또한 "특정강력범죄의처벌에관한특례법"에서는 특수강간죄를 특정강력범죄로 규정하고 그 처벌절차를 신속, 강력하게 하는 특례규정을 두고 있다.6)

따라서 〈사례〉의 경우는 특수강간죄에 해당하는 범죄로서 강○○씨의 고소가 필요 없으며, 어떠한 방법으로든 수사기관에 알리기만 하면 그 불량배들을 무기징역 또는 5년 이상의 유기징역에 처하는 특수강간죄로 엄하게 처벌할 수 있다.

(5) 절도나 강도범이 성폭력을 행사한 경우

남편이 해외출장중일 때 혼자서 잠을 자다가 새벽에 담을 넘어 들어온 절도범에게 강간까지 당했습니다. 그 절도범은 이웃에 살고 있는 총각인데 제가 신고할까봐 자신의 범행을 신고하지 못하게 할 의도로 저를 강간까지 한 것입니다.

이러한 경우, 범인의 절도행위에 대하여는 경찰에 신고하면 되겠으나 강간에 대하여는 제가 별도로 고소를 하여야만 하는 것인가요?

80년대 후반기부터 절도범들이 피해자로 하여금 신고를 하지 못하게 할 불순한 의도로 피해자인 부녀자를 강간하는 사례가 급증하면서 가정의 평온을 해치는 가정파괴범이 커다란 사회문제로 대두되자 이러한 흉악범을 특히 엄하게 처벌하여 그 발생을 방지하고자 "성폭력범죄의처벌및피해자보호등에관한법률"에서는 절도범이나 강도범이 성폭력을 행사한 경우에는 이를 피해자의 고소를 필요로 하지 않는 비친고죄로 규정함과 동시에 그 형량도 대폭 강화하게 되었다.

즉 주거침입, 야간주거침입절도, 특수절도의 죄를 범한 자가 강간·강제추행·준강간·준강제추행의 죄를 범한 때에는 무기 또는 5년 이상의 징역에 처하고, 특수강도가 위와 같은 죄를 범한 때에는 무기 또는 10년 이상의 징역에 처하도록 규정하고 있다.[7]

따라서 〈사례〉의 경우에 있어서도 피해자가 범인을 고소하지 아니하더라도 범인은 최고 무기징역까지의 무거운 형으로 처벌받게 된다.

다만, 피해자가 고소를 하지는 않더라도 경찰에서 범인의 강간사실을 알 수 있도록 어떠한 방법으로든 경찰에 신고할 필요는 있다.

(6) 친족관계에 있는 자가 성폭력을 행사한 경우

고아원에서 생활하다가 5년 전에 양녀로 입적된 저는 어느 날 밤에 만취된 양부로부터 강간을 당했습니다. 그후 양부는 술에 취할 때마다 몸을 요구하고 있습니다. 그러나 고아인 저로서는 쉽게 집을 나갈 수도 없고, 또 양부를 고소하기도 어려운 형편입니다.

제가 고소하지 않고 주민의 신고에 의하여 양부를 처벌할 수는 없는지요? 그리고 법률상 직계존속을 상대로는 고소할 수 없다고 하는데, 정말로 양부를 상대로는 고소를 할 수도 없나요?

최근, 우리 사회에는 성폭력범죄가 급증하면서 최소한의 성도덕마저 문란케 하는 반인륜적인 성범죄가 자주 발생해 사회에 커다란 충격을 주고 있다.

특히, 친족관계에 있는 자가 인륜에 반하여 저지른 성폭력범죄가 우리를 경악케 하는 사회문제를 야기하게 되자 "성폭력범죄의처벌및피해자보호등에관한법률"에서는 그러한 반인륜적인 성범죄의 예방과 가중처벌을 위하여 4촌 이내의 혈족 또는 2촌 이내의 인척관계에 있는 자가 성폭력을 행사한 경우에는 일반강간죄와 달리 피해자의 고소 여부에 관계 없이 처벌할 수 있는 비친고죄로 규정함과 동시에 그 형량도 대폭 강화하는 처벌규정을 두게 되었다.

또한 일반범죄에 있어서는 법률상 직계존속을 고소할 수 없으나, 친족관계에 의한 성폭력범죄에 있어서는 예외적으로 직계존속에 대하여도 고소할 수 있는 특별규정을 두게 되었다.[8]

따라서 위 〈사례〉의 경우에는 피해자의 고소가 없더라도 주민의 신고에 의하여 양부를 형사처벌할 수 있음은 물론이고, 피해자도 양부를 고소할 수 있다.

본 죄에 대한 상세한 내용은 제3장 강간죄를 참고하기 바란다.

(7) 신체장애인에 대하여 성폭력을 행사한 경우

장애로 인하여 몸을 제대로 움직일 수 없는 신체장애인인 허장애양은 이웃에 살고 있는 박치한으로부터 반항도 해보지 못하고 강간을 당했지만, 신체적 장애 때문에 그러한 피해를 당하고도 자신이 직접 고소조차 하기 어려운 상태입니다.
이러한 경우에도 허장애양이 직접 고소를 하지 않으면 박치한을 처벌할 수 없나요?

위〈사례〉는 '신체장애인에 대한 준강간죄'에 해당하는 성폭력범죄이다.
　일반적으로 모든 성폭력범죄는 피해자의 고소를 필요로 하는 친고죄이나, 장애로 인하여 항거불능인 상태에 있는 신체장애인에게 성폭력을 행사한 경우는 피해자의 고소 여부에 관계 없이 처벌할 수 있는 비친고죄이다.
　이는 신체장애인을 특히 보호하려는 취지에서 "성폭력범죄의처벌및피해자보호등에관한법률"에서 특별히 비친고죄로 규정한 것이다.
　따라서 설령 신체장애인이 고소를 하지 아니하거나 가해자의 선처를 바라고 있는 경우라 할지라도 강간죄 또는 강제추행죄와 동일한 형으로 처벌할 수 있는 것이다.
　그러므로 위 〈사례〉의 경우에도 박치한을 처벌함에 있어 피해자인 허장애양의 고소는 필요 없으며, 전화 등으로 경찰에 신고만 하더라도 박치한을 '장애인에 대한 간음죄'로 엄하게 처벌할 수 있다.
　또한, 1998. 1. 1.부터 시행된 성폭력처벌법은 정신장애인에 대한 간음 및 추행에 대하여도 장애인에 대한 간음 등 죄와 마찬가지로 비친고죄로 규정하고 있다.

본 죄에 대한 보다 상세한 설명은 제3장 강간죄에서 해당 항목을 참고하기 바란다.

고소취소의 효과

<1> 김양은 남자 친구인 박군으로부터 강간을 당한 후 박군을 강간죄로 고소하여 구속시켰다.
그런데 박군이 1심에서 징역 3년을 선고받은 후 양가 부모가 김양과 박군을 결혼시키기로 합의하여 김양은 박군에 대한 고소를 취소하였다. 그런데 어찌된 영문인지 김양의 고소취소에도 불구하고 박군은 석방이 되지 않고 있다. 친고죄인 강간죄의 고소를 취소하였는데도 박군이 석방되지 않는 이유는 무엇 때문인가?

<2> 필녀는 바우로부터 강간을 당한 후 바우를 강간죄로 고소하여 구속시켰지만 바우와 그의 부모가 잘못을 눈물로 사죄하는데 감동하여 그 고소를 취소하여 주었다.
그런데 바우는 필녀의 고소취소로 석방된 후에 태도를 바꾸어 오히려 큰소리를 치며 필녀를 험담하고 다녀 필녀는 고소취소한 것을 다시 취소하거나 재고소하려고 한다. 그렇다면 법률상 문제는 없을까?

폭력범죄는 그 대부분이 친고죄이다. 친고죄는 고소를 전제조건으로 하는 범죄이므로 고소를 취소하게 되면, 공소권이 없게 되어 고소로 인한 수사나 재판절차가 모두 종료되게 된다.

따라서 고소를 취소하게 되면, 친고죄로 구속되었던 사람은 즉시 석방되고 수사나 재판도 더 이상 진행되지 않고 끝나게 된다.

그러나 이와 같은 고소의 취소는 언제나 할 수 있는 것이 아니며, 늦어도 제1심 판결선고 전까지 하여야만 앞에서 설명한 바와 같은 효과가 발생된다. 일단 1심 판결이 선고된 후에는 설령 고소를 취소한다고 할지라도 법률상 고소취소의 효과가 발생되지 않는다.[9]

따라서 이미 선고된 1심 판결의 효력에는 아무런 영향이 없게 되므로 항소를 포기한 경우에는 1심 판결에서 선고된 형이 그대로 집행된다는 것을 유의하여야 한다.

따라서 〈사례 1〉의 경우, 김양의 고소취소는 박군에 대한 1심 판결이 선고된 후에 이루어진 것이므로 법률상 고소취소의 효과가 발생할 수 없다. 따라서 고소취소에도 불구하고 박군이 석방되지 못하고 있는 것이다.

다만, 피해자인 김양이 그 고소를 취소하였다는 것은 항소심 재판에서 중요한 정상으로 참작되어 박군이 유리한 형을 선고받게 될 수는 있을 것이다.

또한 고소를 취소함에 있어서는 재고소를 할 수 없다는 점을 유의하여야 한다.[10] 물론 고소취소를 해준 후에 발생한 새로운 범죄에 대하여는 별도로 고소를 할 수 있으나 이 경우는 재고소가 아니라 새로운 고소에 해당하는 것이므로 고소의 요건을 갖추어 새로 고소를 하면 된다.

따라서 〈사례 2〉의 경우에 있어서도 전에 고소하였던 강간사실로는 다시 고소를 할 수 없으며, 또 반성을 하지 않는다는 이유로 이미 효과

가 발생된 고소취소의 의사표시를 철회하거나 취소하지는 못한다.[11]

 그러나 고소취소로 석방된 후에 새로 강간행위를 저지른다면 그에 대해서는 얼마든지 새로 고소를 할 수 있으며, 이 경우에는 개전의 정이 없다는 이유에서 더욱 엄중한 처벌을 받게 될 것이다.

5

고소사건처분결과에 대한 불복방법

저는 이웃에 살고 있는 박치한에게 강간을 당한 후 경찰에 고소를 하였습니다. 그런데 검사가 증거 불충분을 이유로 무혐의 처분을 하였습니다.
저로서는 너무 억울하여 그대로 승복할 수는 없는데 재수사를 하게 할 수 있는 방법은 없나요?

고소란, 범죄의 피해자 등 고소권자가 검찰청이나 경찰관서 등 수사기관에 범죄사실을 신고하여 범인을 처벌하여 달라고 요구하는 것을 말한다.

고소한 범죄사실에 대한 기소 여부를 결정하는 권한, 즉 재판에 회부하는 결정권은 검사만이 가지고 있으므로 경찰관서에 고소하더라도 최종적으로는 검찰청에 송치되어 검사에 의해 기소 여부가 결정된다.

즉 검사는 피해자가 고소한 고소사건에 관하여 최종적으로 공소를 제기하거나, 불기소처분(공소를 제기하지 않음)을 하게 되는데 이 때에는 그 처분결과를 7일 이내에 서면으로 고소인에게 통지하게 되어 있다.[12]

따라서 이때 고소인은, 검사가 자신이 고소한 사건의 범죄사실을 인정하여 법원에 재판을 요구하는 기소처분을 한 경우에는 별 문제가 없겠으나, 자신의 생각과는 달리 기소하지 아니한다는 불기소처분을 한 경우에는 우선 검찰청에 불기소처분을 한 이유를 서면으로 설명하도록 청구할 수 있다.[13]

그리고 고소인이 검사의 불기소이유를 확인한 후에도 이를 납득할 수 없어 불복하는 경우에는, 그 불기소처분의 통지를 받은 날로부터 30일 이내에 고등검찰청 검사장에게 항고할 수 있다. 이 때 고소인의 항고가 이유 있다고 인정되면 재수사를 거쳐 또다시 기소 여부가 결정되며, 만일 고등검찰청에서도 원 검사의 불기소처분이 정당한 것이라고 하여 고소인의 항고를 기각할 경우에는 이에 불복하는 고소인으로서는 최종적으로 대검찰청에 재항고를 제기하여 검사가 결정한 불기소처분의 정당성 여부를 따져 볼 수 있는 방법이 있다.[14]

따라서 〈사례〉의 피해자도 불기소 이유를 확인한 후 고등검찰청에 항고할 수 있고, 만일 그 항고마저 기각된다면 다시 대검찰청에 재항고를 할 수가 있다.

1) 일반적으로 친고죄의 고소기간은 피해자가 범인을 알게 된 날로부터 6개월이나(형사소송법 제230조 제1항), 성폭력범죄의 경우에는 피해자보호를 위하여 1년으로 연장하여 규정하고 있다(성폭력범죄의처벌및피해자보호등에관한법률 제19조).
2) 다만, 이러한 고소기간은 고소할 수 없는 불가항력의 사유가 있는 때에는 그 사유가 없어진 날로부터 기산하므로(형사소송법 제203조 제1항 단서), 만일 〈사례 2〉에 있어 피해자가 나이가 어려 고소능력이 없었다가 그 후에 비로소 고소능력이 생겼다면 그 고소기간은 고소능력이 생긴 때로부터 기산된다(대법원 판례 87도1707 사건).
3) 일반 강간죄는 그 법정형이 3년 이상의 징역이고, 일반 강제추행죄는 그 법정형이 10년 이하의 징역 또는 벌금 1천5백만원 이하에 불과하다(형법 제297조, 제298조).
4) 강제추행치상죄의 공소시효는 10년이다.
5) 성폭력범죄의처벌및피해자보호등에관한법률 제13조 제1항.
6) 특정강력범죄의처벌에관한특례법 제2조 제1항 제3호.
7) 성폭력범죄의처벌및피해자보호등에관한법률 제5조.(단, 주거침입의 죄를 범한 자가 강간 등을 한 경우는 1998. 1. 1. 이후 범죄에 대하여만 성폭력처벌법이 적용된다.)
8) 원칙적으로 자기 또는 배우자의 직계존속에 대하여는 법률상 고소할 수 없다(형사소송법 제224조). 다만, 성폭력의 경우에는 피해자의 보호를 위하여 예외적으로 고소할 수 있도록 규정하고 있다(성폭력범죄의처벌및피해자보호등에관한법률 제18조).
9) 고소는 제1심 판결 선고 전까지 취소할 수 있다(형사소송법 제232조 제1항).
10) 고소를 취소한 자는 다시 고소하지 못한다(형사소송법 제232조 제2항).
11) 다만, 바우가 강간사실을 공연히 퍼뜨려 필녀의 명예를 훼손하고 다닌다면, 이러한 행위에 대하여는 강간죄와는 별개로 '명예훼손죄'로 고소하여 처벌할 수는 있다.
12) 형사소송법 제258조.
13) 이를 '공소부제기이유서'라 한다.
14) 검찰청법 제10조.

[제 3 장]
강간죄

1. '강간'이란 어떤 범죄인가
2. 강간죄의 유형
3. 피해자의 고소가 없어도 처벌할 수 있는 강간죄
4. 강제가 아닌 단순 간음만으로 강간죄에 준하여 처벌되는 사례
5. 강간죄의 성립 여부가 문제되는 사례

'강간'이란 어떤 범죄인가

<1> 딸(10세)아이가 같은 집에 세들어 살고 있는 남자로부터 성폭행을 당한 일이 있습니다.
당시에 그 남자는 철없는 딸의 옷을 벗기고 손가락을 질 속에 집어넣는 등의 성폭행을 하였습니다.
이 경우, 부모인 제가 가해자를 상대로 강간죄로 고소할 수 있는지요?

<2> 직장 여성입니다. 직장동료들과 함께 해변으로 휴가를 갔다가 텐트 속에서 직장동료인 억쇠로부터 강제로 간음을 당했습니다.
당시, 텐트 옆에서 다른 직장동료들이 놀고 있었지만, 억쇠가 제 양손을 꼭잡고 가만히 있지 않으면 그냥 두지 않겠다고 험악한 인상을 쓰는 바람에, 겁도 나고 또 부끄러운 마음에서 소리를 지르는 등의 반항을 할 수 없었습니다.
어떻게 하면 억쇠를 강간죄로 고소하여 처벌받게 할 수 있나요?

강간이란 ① 폭행·협박으로 상대방의 반항을 억압하고, ② 부녀자를 간음하는 행위를 말한다.[1]

여기서 '간음'이란 성교행위를 뜻하는 것으로 남자의 성기를 여자의 질에 삽입하는 것을 의미한다. 따라서 남자의 성기가 아닌 다른 것을 여자의 질에 삽입할 경우 추행행위가 될 뿐 강간죄의 간음은 되지 않으며, 또한 남자의 성기를 삽입하더라도 여성의 질이 아닌 입이나 항문에 삽입할 때에는 역시 추행행위가 될 뿐 강간죄의 간음은 되지 않는다.

따라서 〈사례 1〉의 경우에 있어서 피해자에 대한 가해자의 행위는 성교행위는 아니므로 강간죄는 성립되지 아니하고 강제추행죄가 성립할 뿐이다. 따라서 피해자의 부모는 가해자를 상대로 강제추행죄로 고소하여야 할 것이다(13세 미만 자에 대한 추행행위는 "성폭력범죄의처벌및피해자보호등에관한법률"에 의하면 피해자의 고소를 요하지 않는 비친고죄로 규정되어 있다).

그리고 강간죄가 성립하기 위해서는 폭행이나 협박으로 부녀자의 반항을 억압하여야 하는 것인데, 여기서 필요한 폭행·협박의 정도는 상대방 여자의 반항을 불가능하게 할 정도까지는 아니지만, 적어도 그 반항을 현저히 곤란하게 하는 정도는 되어야 한다는 점을 유의하여야 한다.[2]

그러나 구체적으로 어떤 경우가 반항을 현저히 곤란하게 하는 정도인가 하는 것은 일률적으로 단정지을 수는 없고, 각 사안별로 당시 상황을 종합하여 결정해야 한다.

예를 들면, 심야에 인적이 드문 산속에서 혼자 길을 걷고 있는 여성을 가로막고 험악한 인상을 쓰면서 옷을 벗지 않으면 죽여버리겠다고 겁을 주고 여자를 간음하였다면 충분히 강간죄의 요건에 해당하는 협박이 있었다고 인정될 것이지만, 그와 같은 협박이 사람이 많이 있는 도로상이나 공개된 술집에서 있었다면 이를 강간죄의 요건에 해당하는 협박으로는 볼 수 없을 것이다.

따라서 〈사례 2〉의 경우에 있어서는 피해자가 간음을 당하는 바로 옆에 직장동료들이 있었으므로, 피해자가 조금만 소리를 지르며 반항을 했다면 곧 구조될 수 있는 상황이었고, 또한 억쇠가 행한 폭행·협박의 정도가 소리조차도 지를 수 없을 정도의 것은 아니었다고 보이므로 결국 이러한 경우에는 강간죄가 성립된다고 볼 수는 없다.

그리고 여자를 강간하기 위하여 일단 폭행·협박을 시작하면, 강간죄의 실행에 착수한 것이 되므로 성교행위는 시작도 하지 못하였더라도 폭행·협박 사실만으로 강간미수죄가 성립하게 되며, 그때 그와 같은 폭행·협박으로 상대여성이 상해를 입게 되면 간음의 성공 여부에 관계없이 '강간치상죄'가 성립된다.[3]

따라서 강간을 목적으로 여성을 폭행한 경우에는 단순 폭행 행위만으로도 5년 이상의 징역이라는 중형에 처하게 되는 강간치상죄까지 성립할 수 있음을 특히 유의하여야 한다.

또한 강간의 개념은 앞에서 설명한 것처럼 강간죄는 남자의 성기를 여자의 질에 삽입하여야만 기수에 이르게 되는 것이므로 여기서 어느 정도 삽입하였을 때에 과연 강간죄의 기수가 된 것으로 볼 것인가 하는 것이 문제가 되고 있다.

이에 관하여 남자의 성기를 여자의 성기에 접촉하기만 하면 강간죄가 기수에 이르게 된다는 접촉설, 일부분이라도 삽입되기 시작하면 된다는 부분 삽입설, 전부가 삽입되어야 한다는 전부 삽입설 등이 있으나 부분 삽입만으로도 충분하다는 것이 통설과 판례의 태도이다.

그 밖에 처녀막파열 유무, 정액의 사정 여부 등은 강간의 성립에는 아무런 문제가 되지 않는다.

2 강간죄의 유형

25세의 미혼녀인 서애련 양은 첫사랑에 실패한 후 남자만 보면 모든 남자를 자신의 첫사랑 애인으로 착각하는 정신병을 앓고 있는데, 이러한 서애련 양의 정신이상증세를 이용하여 박치한이 간음하였습니다.
이 사실을 알게 된 서애련 양의 부모는 박치한을 성폭력범으로 고소하려고 합니다. 가능할까요?

〈사례〉의 경우는, 폭행이나 협박 등으로 피해자 서애련 양의 반항을 억압하고 간음한 것은 아니므로 일반 강간죄에는 해당하지 않는다. 그러나 정신이상으로 반항할 수 없는 피해자 서애련 양의 심신상태를 이용하여 간음한 것이므로 강간죄와 동일한 형으로 처벌할 수 있는 '준강간죄'에 해당하게 된다.[4]

따라서 피해자의 부모는 얼마든지 박치한을 성폭력범으로 고소하여 처벌받게 할 수 있다(정신장애인에 대한 간음죄는 비친고죄로서 고소하지 아니하더라도 처벌이 가능하다).

강간죄는 강간의 수단과 방법, 강간하는 사람의 신분, 강간당하는 사람의 나이 및 심신상태, 강간의 결과 등에 따라 그 범죄의 유형과 처벌되는 형량에 큰 차이를 보이고 있다.

강간죄는 크게 두 가지 유형으로 나누어 볼 수 있는데 첫째는 여자를 폭행·협박하여 반항을 억압하고 강제로 강간하는 경우이고, 둘째는 반항할 수 없는 심신상태를 이용하여 여자를 간음하는 경우이다.

먼저, 폭행·협박으로 여자의 반항을 억압하고 강간하는 경우로서 가장 일반적인 경우는 남자 1명이 여자를 강간하는 '강간죄'가 있는데 이러한 강간죄는 3년 이상의 징역에 처하며, 흉기를 휴대하거나 2인 이상이 합동하여 강간죄를 범한 경우에는 '특수강간죄'로서 무기 또는 5년 이상의 징역이라는 무거운 형으로 처벌하게 된다.

그리고 야간 주거침입 절도나 2인 이상이 합동한 절도 또는 흉기를 휴대한 절도범인이 여자를 강간한 경우에도 무기 또는 5년 이상의 징역에 처하고, 야간에 주거에 침입한 강도나 2인 이상이 합동한 강도 또는 흉기를 휴대한 강도가 여자를 강간한 특수 강도강간의 경우에는 사형, 무기 또는 10년 이상의 가장 무거운 형으로 처벌하고 있다.

또한 양부가 양녀를 강간하는 경우와 같이 일정한 친족관계에 있는 자가 인륜에 반하여 강간한 경우에는 5년 이상의 징역으로 가중처벌하고 있다.

한편, 위에서 설명한 바와 같은 각종 강간행위로 인하여 피해자가 상해를 입거나 사망한 치사상(致死傷)의 결과가 발생되면 범죄유형에 따라 최고 사형까지 가중처벌된다는 것을 유의할 필요가 있다.

폭행·협박으로 여자의 반항을 억압하지는 않았더라도 이미 반항할 수 없는 심신상태에 있음을 이용하여 여자를 간음하는 경우로는, 〈사례〉와 같이 여성이 정신이상 등으로 심신상실상태에 있거나 약물복용으로 항거불능상태에 빠져 있음을 이용하여 간음하는 '준강간죄'가 있는데, 이 경우에는 일반 강간죄와 마찬가지로 3년 이상의 징역에 처한다. 그 밖에 강간죄에서 설명한 바와 같은 행위 유형에 따라 특수준강간죄, 친족준강간죄 등과 그 치사상(致死傷)의 죄가 있는데 그 형량도 강간죄의 경우와 동일하게 규정되어 있다.

그리고 미성년자 또는 심신미약자를 위계나 위력으로 간음하는 '미성년자간음죄'는 5년 이하의 징역에 처하고, 그 미성년자가 13세 미만인 경우에는 아무런 위계나 위력을 사용하지 않더라도 3년 이상의 징역이라는 중형으로 처벌하고 있는데 이를 '미성년자의제강간죄'라고 한다.

또한 업무상이나 고용관계로 자신의 보호감독을 받는 여성을 위계 또는 위력으로 간음한 경우에는 5년 이하의 징역이나 1천5백만원 이하의 벌금형에 처하고 있는데 이 경우 법률에 의하여 구금된 여자를 그 감호자가 간음한 때에는 7년 이하의 징역으로 가중처벌된다.

이상으로 강간죄의 여러 가지 유형을 간략하게 알아보았다. 그 구체적인 내용에 관하여는 해당 항목의 설명을 참고하기 바란다.

3

피해자의 고소가 없어도 처벌할 수 있는 강간죄

(1) 비친고죄인 강간죄

2년 전에 월세를 살고 있던 집주인으로부터 강간을 당했습니다. 집주인은 식칼을 들고 들어와 위협하며 저를 강간하였습니다.

그러나 다음날 저에게 백배 사죄하면서 밀린 월세까지 탕감하여 주므로 저는 일단 집주인의 사죄를 받아들이기로 하고 그를 용서하여 주었습니다.

그런데 최근에 집주인이 태도를 바꾸어 또다시 제게 몸을 요구하면서, 만일 자신의 요구를 들어주지 않으면 월세를 대폭 올리겠다고 협박까지 하고 있습니다.

그래서 저는 2년 전의 강간사실로 집주인을 고소하고 싶습니다. 혹시 친고죄의 고소기간이 지난 것은 아닌지요.

강간죄는 일반적으로 피해자의 고소가 있어야만 처벌할 수 있는 '친고죄'이며, 이러한 성폭력범죄의 고소기간은 피해자가 범인을 안 날로부터 1년 이내로 제한되어 있다.

우리 사회에서는 아직도 강간을 당하였다는 사실은 그 이유여하를 불문하고 매우 수치스러운 일로 인식되고 있고, 또 피해 여성의 명예나 결혼 등 가정생활에 있어서도 커다란 불이익을 가져올 수 있는 것이 부정할 수 없는 현실이다.

그러므로 피해자에 따라서는 비록 강간을 당한 것이 분하고 억울하지만 더 이상의 피해를 줄이기 위하여 이를 문제 삼지 않고 그대로 묻어두고 싶어 하는 경우도 있다.

따라서 법률은 이러한 강간죄의 특성을 고려하여 강간범의 형사처벌 여부를 피해자의 의사에 따라 선택할 수 있도록 피해자의 고소를 형사처벌의 전제조건으로 규정하고 있는데 이를 '친고죄'라고 한다.[5]

즉 강간죄는 일반적으로 피해자의 고소가 있어야만 수사가 시작되며, 피해자의 고소로 강간범인이 구속되었다가도 1심 판결선고 전에 피해자가 고소를 취소하면 처음부터 고소가 없었던 것처럼 즉시 석방된다.

그러나 모든 강간죄가 고소를 요건으로 하는 친고죄는 아니며 강간죄에 따라서는 그 범죄가 너무 중하여 형사처벌 여부를 피해자의 의사에만 맡겨둘 수 없는 경우가 있는데 이러한 강간죄의 경우에는 피해자의 고소가 필요 없다. 설령 피해자가 고소를 취소하고 선처를 탄원하더라도 형사처벌을 할 수 있는데 이러한 강간죄가 바로 '비친고죄'인 강간죄이다.

〈사례〉의 경우는 흉기인 식칼을 휴대하고 부녀자를 강간한 경우로서, 피해자를 해칠 위험성이 특히 높은 것이므로 "성폭력범죄의처벌및피해자보호등에관한법률"은 이를 '특수강간죄'로서 피해자의 고소를 필요로 하지 않는 비친고죄로 규정하는 한편 그 형량도 최고 무기징역까지 선고할 수 있도록 규정하고 있다.

따라서 〈사례〉의 경우는 친고죄가 아니므로 친고죄에 관한 고소기간의 제한도 받지 않으며, 피해자는 공소시효가 만료되지 않는 한 얼마든지 가해자인 집주인을 고소할 수 있고, 만일 고소하는 것이 번거로울 경우에는 단순 신고만으로도 집주인을 특수강간죄로 처벌할 수가 있을 것이다.[6]

(2) 강간치상죄와 강간치사죄

<1> 모 여고생이 독서실 옥상에서 자신을 강간하려는 불량배 박치한에게 쫓기던 중, 건물 아래로 뛰어내리다가 다리가 부러지는 상해를 입게 되었다.
다행히 강간을 당하지는 아니하였으나, 이 경우 박치한을 강간치상죄로 처벌할 수는 없는가?

<2> 직장 여성인 갑순은 갑돌이로부터 강간을 당한 후 임신이 되어 낙태수술을 받던 중 임신중독으로 사망하게 되었다. 이 경우 갑순이의 부모가 갑돌이를 강간치사죄로 고소하여 처벌받게 할 수는 없는가?

강간치상죄는 강간으로 피해자에게 상해를 입게 한 경우에 성립하는 범죄이며, '강간치사죄'는 강간으로 피해자를 사망케 한 경우에 성립하는 범죄이다.
이러한 강간치상죄와 강간치사죄는 강간으로 인한 피해가 특히 중한

점을 고려하여 피해자의 고소 여부에 관계 없이 가중처벌하도록 규정하고 있다.

강간치상죄와 치사죄는 강간행위 자체가 기수에 이르지 못한 미수의 경우에도 성립할 수 있다. 예컨대, 강간하려고 부녀자를 폭행·협박하던 중 순찰중인 경찰관에 발각되어 성교행위는 해보지도 못하고 미수에 그친 경우에 있어서도 그와 같은 폭행·협박으로 피해자가 상해를 입었다면 강간치상죄가 성립한다.

이처럼 여자를 강간하기 위하여 일단 폭행·협박을 시작하면, 강간죄의 실행에 착수한 것이 되므로 간음을 하지 못하더라도 폭행·협박사실만으로 강간미수죄가 성립하게 되며, 그때 그와 같은 폭행·협박으로 상대 여성이 상해를 입게 되면 간음의 성공 여부에 관계 없이 강간치상죄가 성립한다.

따라서 강간을 목적으로 여성을 폭행한 경우에는 단순 폭행행위만으로도 5년 이상의 징역이라는 중형에 처하게 되는 강간치상죄까지 성립할 수 있음을 특히 유의하여야 한다.

〈사례 1〉의 경우에 있어서도, 비록 강간죄는 기수에 이르지 못하고 미수에 그쳤으나 불량배 박치한이 강간을 하려고 폭행·협박을 하던 중, 피해자가 이를 피하려고 건물 아래로 뛰어내리다가 상해를 입게 되었으므로 불량배 박치한의 행위는 '강간치상죄'에 해당하게 된다.

그러나 강간치상죄나 강간치사죄가 성립하려면 피해자의 상해나 사망이 강간행위로 인한 것이어야 한다. 즉 강간과 치상(致傷) 또는 치사(致死)와 강간행위 사이에 상당한 인과관계에 있어야 하는 것이다.

예컨대, 피해자가 강간을 당한 후 집으로 돌아와 수치심이나 절망감에서 자살을 시도하다가 상해를 입거나 사망한 경우에 있어서는 강간행위와 자살행위 사이에 상당한 인과관계가 있다고 볼 수 없으므로 이러

한 경우에는 강간치상죄나 강간치사죄는 성립되지 않는다.[7]

따라서 〈사례 2〉의 경우처럼 낙태수술을 받던 중 사망한 경우에는 강간과 사망 사이에 상당한 인과관계를 인정할 수 없으므로 갑돌이를 강간치사죄로는 처벌할 수 없다. 다만, 고소기간이 지나지 아니하였다면 단순 강간죄로 고소하여 처벌할 수는 있을 것이다.[8]

이처럼, 강간치상죄 또는 강간치사죄가 성립하기 위하여는 강간과 상해 또는 사망 사이에 상당한 인과관계가 있어야 하지만 그러한 인과관계는 강간행위로 인한 것이라면 성교행위 자체에 의하여 발생된 것이든, 강간의 수단인 폭행·협박에 의한 것이든 또는 강간행위에 수반하여 발생된 것이든 강간치상(사)죄가 성립함에 아무런 문제가 없다.

예컨대, 여성의 질에 상처를 입히는 경우나 처녀막이 파열되는 경우, 성병에 감염되는 경우 등은 성교행위 자체에 의하여 발생하는 상해에 해당할 것이고, 피해자의 반항을 억압하기 위하여 주먹으로 안면을 때려 상해를 입게 하는 경우는 강간행위의 수단인 폭행·협박에 의한 상해에 해당할 것이며, 거친 땅바닥에서 강간함으로써 피해자의 등에 상처를 입히는 경우는 강간행위에 수반하는 행위로 인하여 발생된 결과로서 강간치상죄 또는 강간치사죄의 죄책을 면할 수 없는 경우라 할 것이다.

따라서 〈사례 1〉의 경우처럼 피해자가 강간당하지 않으려고 건물 아래로 뛰어내리다가 다리골절상을 입은 경우는 강간행위에 수반하는 행위로 인하여 발생된 결과로서 강간치상죄가 성립한다.

(3) 특수강간죄

 사례

다방 종업원인 서배달양은 여관에 차 배달을 갔다가 박치한 등 3명으로부터 강제로 강간을 당했다.
그런데 박치한은 피해자가 종업원으로 일하고 있는 다방의 단골손님인 관계로 다방주인이 피해자의 고소를 만류하면서 합의를 종용하고 있어 피해자로서는 선뜻 고소를 제기할 수도 없는 입장이다.
이 경우에 피해자가 고소를 제기하지 않고도 박치한 등 3명을 처벌받게 할 수 있는 방법은 없는가?

〈사례〉는 '특수강간죄'에 해당하는 경우로서 피해자의 고소를 필요로 하지 않는 강간죄이므로 박치한 등 가해자 3명을 처벌할 수 있다.
'특수강간죄'란 ① 흉기, 기타 위험한 물건을 휴대하고 강간하거나, ② 2명 이상이 합동하여 부녀자를 강간함으로써 성립하는 범죄를 말한다.
흉기를 휴대하고 부녀자를 강간하는 경우에는 사람을 해칠 위험성이 특히 높은 것이고, 2명 이상이 합동하여 부녀자를 강간하는 경우에는 그 행태가 비인간적일 뿐만 아니라 피해자의 정신적·육체적 고통도 그만큼 더 커지게 되는 것이므로 성폭력범죄 처벌법은 이러한 범죄를 특히 엄하게 처벌하기 위하여 피해자의 고소 여부에 관계 없이 최고 무기징역까지 선고할 수 있도록 규정하고 있다.[9]
이러한 '특수강간죄'는 산업사회로 급변화되는 과정에서 성범죄가 날로 증가하고 점차 흉포화되는 등 비인간적인 경우가 급증하게 되자 "성폭력범죄의처벌및피해자보호등에관한법률"에서는 이러한 범죄를 비친고죄로 규정하여 피해자의 고소 여부에 관계 없이 엄중 처벌할 수 있게 규정하였다.

  따라서 〈사례〉에 있어서도 피해자가 박치한 등 3명을 직접 고소하지 않더라도, 어떠한 방법으로든 특수강간사실을 수사기관에 알리기만 하면 곧 수사가 개시되어 가해자 박치한 등 3명을 최고 무기징역까지 엄중하게 처벌할 수 있을 것이다.

(4) 주거침입자의 강간죄

〈1〉 무더운 여름밤이었습니다. 창문을 열어놓고 잠을 자던 중, 인기척에 놀라 눈을 떠보니 옆집에 살고 있는 케이 군이 창문을 넘어 들어와 장농을 뒤지고 있었습니다.
저는 놀란 나머지 "도둑이야!" 라고 소리를 질렀으나, 케이 군이 갑자기 입을 틀어막으며 달려드는 바람에 결국 강간까지 당하고 말았습니다.
제가 케이 군을 성폭력범으로 처벌하려면 일반 강간죄처럼 고소를 하여야만 하는 것인가요?

〈2〉 저는 가족들이 모두 외출한 한낮에 잠시 시장을 다녀와 거실로 들어서던 중 안방 장농에서 금품을 훔쳐 가지고 나오는 남편의 친구 허생원과 마주쳤다.

이때 저는 '뭐 하는 짓이냐'고 꾸짖었으나, 허생원은 오히려 제가 경찰에 신고를 못 하게 하려고 강간까지 했다.

그런데 경찰에서는 이러한 허생원의 범행에 대하여 수사를 하면서 저에게 고소장 제출을 요구하고 있는데, 이러한 경우에도 반드시 고소장을 제출하여야만 허생원이 성폭력범으로 처벌을 받게 되는가?

위 두 가지 사례는 비슷한 범행인 것 같지만, 성폭력처벌법이 개정·시행된 1998. 1. 1. 이전에는 〈사례 1〉의 경우는 피해자의 고소 없이도 가해자를 처벌할 수 있었지만, 〈사례 2〉의 경우에는 피해자의 고소가 있어야만 가해자를 성폭력범으로 처벌할 수 있었다(단, 그 범행일이 1998. 1. 1. 이후에 발생되었을 경우에는 〈사례 1〉의 경우와 마찬가지로 피해자의 고소 없이 성폭력범으로 처벌이 가능하다).

즉 위 두 가지 사례는 모두 주거에 침입한 절도 범인이 부녀자를 강간한 점에 있어서는 동일하나, 그 발생시간에 있어서 〈사례 1〉은 야간에 발생한 범죄이고, 〈사례 2〉는 낮에 발생한 범죄라는 차이점 때문에 〈사례 1〉은 피해자의 고소가 필요 없는 비친고죄가, 〈사례 2〉는 피해자의 고소가 있어야만 성폭력범으로 처벌이 가능한 친고죄가 되는 것이다.

이 죄는 1980년대 후반기에 절도범인들이, 피해자가 신고를 못 하게 하려고 부녀자를 강간하는 죄가 급증하면서 커다란 사회문제로 대두되자 이러한 흉악범을 엄벌에 처하여 그 발생을 방지하고자 특별히 입법화하게 된 범죄로서 최근에는 이러한 범죄의 발생이 다소 둔화되는 추세를 보이고 있다.

그러나 〈사례 2〉의 경우처럼 절도범인 1명이 주간에 주거에 침입하여 부녀자를 강간하는 경우에 대하여는 구(舊)성폭력처벌법에서는 이를 규정하고 있지 않았으므로, 이 때에는 부득이 본 죄를 적용할 수 없고 주거침입 및 절도죄와 일반 강간죄가 성립할 수 있지만, 이 경우 강간의 점에 대하여는 피해자의 고소가 있어야만 처벌할 수 있었던 것이다.[10]

그러나 이러한 법률규정에 대하여는, 최근의 범죄경향이 대낮에도 대담하게 자행되고 있는 현실에 비추어 볼 때 범행시간이 주간이냐 야간이냐에 따라 차등을 두고 있는 것은 입법적인 실수로 지적이 있어왔고, 이에 대하여 1997. 7. 30. 임시국회에서 성폭력처벌법을 개정하면서 "'주거침입'의 죄를 범한 자"를 추가하여 이러한 문제점을 해소하였다.

따라서 〈사례 2〉와 같은 사안도 개정법률이 시행된 1998. 1. 1. 이후에 발생된 것이라면 피해자의 고소가 없어도 되며, 그 법정형도 최고 무기징역까지 엄중한 처벌을 할 수 있을 것이다.

결국 1998. 1. 1.부터 시행된 "성폭력범죄의처벌및피해자보호등에관한법률"에 의하면 주야를 불문하고 주거에 침입하여 부녀자를 강간한 경우에는 무기 또는 5년 이상의 징역에 처하며, 이러한 범죄는 모두 피해자의 고소를 요하지 아니하는 비친고죄가 될 것이나 만일 〈사례 2〉가 동 개정법률 시행 이전에 발생된 것이라면, 구법(舊法)을 적용할 수밖에 없으므로 피해자의 고소를 필요로 하는 친고죄가 되는 것이다.

(5) 강도강간죄

저는 어느 늦은 가을밤 남산에서 애인과 데이트를 하던 중 강도에게 핸드백을 빼앗기고, 강간까지 당했습니다. 피해를 당한 직후 남산 부근 파출소에 피해신고는 했지만 너무나 부끄러워 강도피해 사실만을 신고하고 차마 강간을 당한 사실까지는 신고하지 못하였습니다.
제가 강간당한 사실을 고소하지 않으면 범인을 성폭력범으로 처벌할 수 없는 것인가요?

위 〈사례〉는 강도가 여자를 강간한 '강도강간죄'에 해당하는 범죄인데, 이와 같이 강도가 여자를 강간하는 것은 이미 항거불능상태에 빠져 있는 여자를 강간하는 것이므로 그 폭행·협박의 정도가 더욱 심한 것일 뿐만 아니라, 강도행위와 강간행위가 결합되어 있어 그 죄질자체도 당연히 가중되는 것이다. 더욱이 피해자의 수치심을 이용하여 수사기관에 신고를 하지 못하게 하려는 가증스러운 면까지 있다는 점에서 피해자의 고소 여부에 관계 없이 엄중한 처벌을 하고 있다.

따라서 위 〈사례〉의 경우에도 피해자가 범인을 고소할 필요는 없으나, 최소한 경찰에서 강간사실을 알 수 있도록 신고는 하여야 할 것이다.

이러한 강도강간죄는 무기 또는 10년 이상의 징역에 처하며, 그 미수범도 기수와 동일한 형으로 처벌된다.[11]

강도강간죄의 미수범이란 강간행위가 미수에 그친 때를 말하는 것이고 강도행위의 기수, 미수와는 관계가 없다.

따라서 위 〈사례〉의 경우 피해자에게 강취할 금품이 없어 강도행위는 하지 않았더라도 피해자를 강간하게 되면 강도강간죄가 성립하며, 이때 강간을 하려다가 피해자가 소리를 지르며 심하게 반항하는 바람에 강간을 하지 못하였다면 강도강간미수죄가 성립될 것이다.

그리고 강도강간죄를 범한 자가 그 형을 살고 나온 후 3년 이내에 또다시 같은 죄나 그 미수죄를 범한 누범의 경우에는 최고 사형까지 극형에 처하며[12], 특수강도가 강간을 한 경우, 즉 야간에 주거에 침입한 강도가 흉기를 휴대하거나 2인 이상이 합동한 강도가 여자를 강간한 경우에도 그 죄질이 중한 점에 비추어 최고 사형까지 극형에 처하도록 규정되어 있다.[13]

(6) 친족관계에 의한 강간죄

무남독녀인 저는 평소 3살 위인 사촌오빠를 친오빠처럼 따르고 좋아하였습니다.
그런데 3년 전에 사촌오빠가 군대를 가게 되어 전방부대까지 따라갔다가 예기치 않게 강간을 당한 일이 있는데, 그때부터 사촌오빠는 기회가 있을 때마다 몸을 요구해오고 있어 이제는 저로서도 사촌오빠의 범행을 그냥 묻어 두고만 있을 수 없는 형편입니다.
3년 전의 강간사실에 대하여 지금이라도 고소를 할 수 있을까요? 강간죄는 범인을 알게 된 날로부터 1년이 지나면 고소를 할 수 없다는데 그게 사실인가요?

3. 피해자의 고소가 없어도 처벌할 수 있는 강간죄

일반 강간죄는 친고죄이므로 피해자의 고소가 있어야만 범인을 처벌할 수 있다. 또한 그러한 고소는 범인을 알게 된 날로부터, 즉 피해자가 자신을 강간한 사람이 누구인지를 안 날로부터 1년 이내에 고소를 하여야만 범인을 처벌할 수 있다.

그러나 〈사례〉는 일반 강간죄가 아니라 '친족관계에 의한 강간죄'에 해당하는 것이므로 피해자의 고소를 필요로 하는 친고죄가 아니다. 따라서 피해자는 공소시효가 경과되지 아니하는 한 언제든지 사촌오빠를 고소할 수 있고, 또 친고죄가 아니므로 단순히 신고만 하더라도 사촌오빠를 성폭력범으로 처벌할 수 있다.[14]

다시 말해서 〈사례〉는 "성폭력범죄의처벌및피해자보호등에관한법률"에 '규정된 친족관계에 의한 강간죄'로서 4촌 이내의 혈족 또는 2촌 이내의 인척이 친족관계에 있는 부녀자를 강간하는 경우에 성립하는 범죄이다.

예컨대, 최근 사회문제화되었던 사건과 같이 의붓아버지가 딸을 강간한 경우가 바로 이 죄에 해당한다.

이 죄는 친족관계에 있는 자가 인륜에 반하여 친족인 여자를 강간함으로써 사회에 커다란 문제를 야기하는 사건이 자주 발생하자 그에 대한 예방과 가중처벌을 위하여 "성폭력범죄의처벌및피해자보호등에관한법률"에서 특별히 규정하게 된 범죄이다.

이 죄를 범한 자에 대하여는 5년 이상의 징역에 처하며, 일반 강간죄와는 달리 피해자의 고소 여부에 관계 없이 처벌하는 비친고죄이다.

여기서 '친족'이란 4촌 이내의 혈족과 2촌 이내의 인척을 의미하며, 그러한 친족관계는 법률상의 친족은 물론이고 사실상 그와 같은 친족관계에 있는 경우도 포함된다.

그러나 본 죄의 주체에 관하여 종전 법률규정은 '연장의 친족'이어야 한다는 제한규정을 둠으로써 나이가 더 어린 친족 남자가 연상의 친족 여자를 강간하는 경우는 본 죄에 해당하지 않았다.

예컨대, 사촌동생이 사촌누나를 강간하는 경우 등은 본 죄에 해당하지 아니하고 일반 강간죄가 성립할 뿐이었으나, 이러한 법률규정에 대하여는, 연하의 친족이 연상의 여자인 친족을 강간하는 행위는 더욱 패륜적인 범행이라 할 것이므로 본 죄에 있어서 '연장의 친족'이라는 제한규정은 폐지함이 상당하다는 비판이 있어 왔다.

또한 친족의 범위에 관하여 종전의 법률규정은 '4촌 이내의 혈족'에 한정하고 있었는데, 현행 민법상 계부자(繼父子)관계, 즉 의붓아버지와 의붓딸의 관계는 친족관계가 아니므로 의붓아버지가 딸을 강간하는 반인륜적인 범행에 대하여 일반 강간죄로 의율할 수밖에 없는 모순된 결과가 나타나자, 친족의 범위를 '4촌 이내의 혈족'으로 제한한 법규정은 입법적인 실수로서 국회에서 시급히 개정되어야 할 과제라는 지적이 있어 왔다. 그래서 1997. 7. 30. 임시국회에서 성폭력처벌법을 개정하면서, '연장의 친족'이라는 제한규정을 폐지함과 아울러 친족의 범위에 '2촌 이내의 인척'도 포함시키기에 이른 것이다.[15]

따라서 1998. 1. 1.부터 시행되는 개정 법률에 의하면, 연장(年長)이나 연하(年下)를 막론하고 '4촌 이내의 혈족 또는 2촌 이내의 인척' 관계만 성립되면 성폭력처벌법의 적용을 받게 되었으며, 또한 계부자(繼父子)관계와 계모자(繼母子)관계는 1촌인 인척관계이므로 의붓아버지나 의붓아들이 의붓딸이나 의붓어머니를 강간한 경우에도 본 법을 적용할 수 있게 되었다.

'인척'이란 '혈족의 배우자', '배우자의 혈족', '배우자의 혈족의 배우자'를 뜻하는 것이므로, 개정 법률에 의하면 제수나 형수를 강간하는 경우(혈족의 배우자), 사위가 장모를 강간하는 경우(배우자의 1촌 혈족), 형부가 처제를 강간하는 경우(배우자의 2촌 혈족), 처남의 댁을 강간하는 경우(배우자의 혈족의 배우자) 등도 모두 성폭력처벌법에 의하여 피해자의 고소가 없더라도 엄중하게 처벌할 수 있게 되었다.

다만, 동 개정법률은 1998. 1. 1.부터 시행되었으므로, 범행이 동 법률 시행 전에 발생된 것이라면 범행당시의 법률인 구법(舊法)을 적용할 수밖에 없다는 점을 유의하여야 한다.

(7) 신체장애인에 대한 간음죄

저는 신체장애인을 도와주고 있는 자원봉사자입니다.
제가 도와주고 있는 신체장애인 중에서 이한나는 어려서 뇌성마비로 하반신이 불구가 되었고, 언어장애까지 있어 20세가 되도록 말조차 제대로 할 수 없는 장애인입니다.
그런데 저는 최근에 이한나의 이웃에 살고 있는 남자가 신체적 장애로 인하여 항거조차 할 수 없는 이한나를 강간한 사실을 알게 되었습니다.
그러나 이한나는 고소조차 할 수 있는 능력이 없습니다.
강간죄는 피해자가 고소를 하여야만 범인을 처벌할 수 있다고 하는데, 이러한 경우에 어떻게 하면 그 남자를 성폭력범으로 처벌받게 할 수 있나요?

위 〈사례〉는 '신체장애인에 대한 간음죄'에 해당하는 것으로, 이러한 범죄는 피해자의 고소를 필요로 하지 않는 비친고죄이다.

따라서 이한나의 고소는 필요 없으며 누구든지 경찰에 가해자의 범행사실을 신고만 해준다면 가해자인 이웃 남자를 성폭력범으로 처벌할 수 있다.

〈사례〉와 같은 경우는 형법상 '준강간죄'에 해당하는 경우로서, '준강간죄'란 강간죄처럼 폭행·협박을 행사하여 여자를 강제로 강간하는 것이 아니라, 여자가 심신상실이나 항거불능상태에 있음을 이용하여 폭행·협박을 하지 아니하고 간음하더라도 그 간음 자체만으로 죄가 성립하는 범죄를 말한다.

따라서 신체장애자인이 그 장애로 항거불능상태에 있음을 이용하여 그를 간음하는 경우에도 물론 준강간죄가 성립한다.

그러나 일반 준강간죄는 모두 피해자의 고소를 필요로 하는 친고죄임에 비하여 신체장애인에 대한 간음죄는 피해자의 고소 여부에 관계 없이 처벌할 수 있는 비친고죄이다.

이는 신체장애인을 특히 보호하려는 취지에서 "성폭력범죄의처벌및피해자보호등에관한법률"에서 특별히 비친고죄로 규정한 것이다.

따라서 신체장애인이 장애로 인하여 항거할 수 없는 상태에 있음을 이용하여 간음한 경우라 할지라도 강간죄와 동일한 형으로 처벌할 수 있는 것이다.

그리고 흉기를 휴대하거나 2명 이상이 합동하여 신체장애인을 간음한 경우에는 그 형을 가중하여 최고 무기징역까지 엄중한 처벌을 할 수 있도록 규정하고 있다.[16]

한편 1998. 1. 1.부터 시행된 개정 법률은 '정신상의 장애'로 항거불능상태에 있음을 이용하여 여자를 간음한 경우에도 신체장애인에 대한 간음죄와 마찬가지로 비친고죄로 규정하였는 바, 1998. 1. 1. 후에 발생된 정신장애인에 대한 간음에 대하여는 피해자나 그 보호자의 고소 없이도 처벌이 가능하게 되었다.

다만, 신체장애인의 경우와는 달리 흉기를 휴대하거나 2명 이상이 합동하여 정신장애인을 간음한 경우에는 그 형이 가중되지 않는데(성폭력처벌법 제6조 제4항 참조), 이는 입법과정의 실수라고 여겨진다.

강제가 아닌 단순 간음만으로 강간죄에 준하여 처벌되는 사례

(1) 강제가 아닌 성행위의 형사처벌문제

직장 여성입니다. 평소 좋아하던 직장동료인 갑돌이와 함께 낚시를 갔다가 성행위까지 하게 되었습니다.
그런데 갑돌이는 성행위를 한 이후부터 의도적으로 저를 멀리하면서 다른 여성과 교제를 하고 있습니다. 저로서는 이러한 갑돌이의 배신행위를 도저히 용서할 수 없는 심정입니다. 갑돌이를 성폭력범으로 처벌받게 할 수 있는 방법은 없습니까?

일반적으로 여성의 의사에 반하지 아니하는 성교행위, 즉 강제가 아닌 성행위는 범죄가 되지 않는 것이 원칙이다.

따라서 위 〈사례〉의 경우는 형사적으로는 아무런 문제도 없다고 하겠다.

즉 강간죄는 폭행·협박으로 반항을 억압하고 강제로 여성을 간음함으로써 성립하는 범죄이므로, 폭행·협박을 행사하여 강제로 간음하는 경우가 아니라면, 강간죄가 성립될 여지가 없고 일반적으로는 아무런 죄도 되지 않는 것이다.

그러나 여기에는 몇 가지 예외가 있다.

즉 피해자의 나이나 심신상태, 또는 간음하는 자의 특수한 신분에 따라서는 아무런 폭행이나 협박을 하지 않고 간음만 하더라도 피해자의 의사에 반하는 간음으로 간주되어 간음자체로서 강간죄에 준하여 엄중하게 처벌하는 경우가 있다.

예를 들면, 여자가 만취되어 정신을 잃거나 신체장애 또는 정신상의 장애로 반항할 수 없는 상태에 있음을 이용하여 간음하는 경우, 13세도 되지 아니하여 성행위가 무엇인지도 모르는 어린 여자아이를 간음하는 경우 등이 바로 이러한 경우에 해당한다고 할 수 있는데 이에 관한 상세한 설명은 다음의 (2) 준강간죄 부분을 참고하기 바란다.

(2) 준강간죄

신입사원인 안순진 양은 지난 연말 회사 망년회 모임에서 마실 줄도 모르는 술을 마시고 인사불성 상태에서 회사동료인 박가 면이 운전하는 승용차를 타고 귀가하게 되었다.
안순진양은 승용차를 타자마자 정신을 잃게 되었고, 그후 깊은 잠에서 깨어났을 때는 이미 박가면이 안순진을 간음한 이후였다.

이처럼 정신을 잃고 있는 상태에서 일어난 강간의 경우에도, 안순진양은 박가면을 상대로 강간죄로 고소할 수 있을까?

법률상 강제가 아닌 성행위에 대하여는 형사처벌의 대상이 되지 않는 것이 원칙이다.

그러나 위 〈사례〉에 있어서는 안순진 양을 간음함에 있어서 폭행이나 협박 등 강제력을 행사한 일은 없지만, 안순진 양이 음주로 인하여 정신을 잃고 있는 상태를 이용하여 간음한 것이므로 이러한 경우에는 형법상 '준강간죄'가 성립하게 된다.

따라서 안순진 양은 박가면을 성폭력범으로 고소하여 준강간죄로 처벌받게 할 수 있다.

'준강간죄' 란 강간죄처럼 폭행·협박 등 강제력을 행사하지는 않았지만 심신상실이나 항거불능상태에 있음을 이용하여 간음함으로써 성립하는 범죄를 말한다.17)

여기서 '심신상실' 이란 정신기능의 장애로 정상적인 판단능력이 없는 상태를 말하는 것으로서 정신이상자는 물론이고 정신을 잃을 정도로 만취된 경우, 약물중독으로 정신을 잃은 경우, 깊은 잠에 빠져버린 경우 등이 이에 해당할 것이다.

그러나 완전한 무의식상태 내지 인사불성상태에 빠져 있는 경우만을 의미하는 것은 아니고 의식이 있더라도 정상적인 판단능력이 없는 상태라면 심신상실자로 볼 수 있다.

따라서 깊은 잠에 빠져 있는 여자를 간음하는 경우에 있어서 그 여자가 잠결에 자신의 남편인줄 알고 성교행위에 응하는 태도를 취하였더라도 준강간죄는 성립할 수 있는 것이다.18)

그리고 '항거불능의 상태' 란 심신상실 이외의 사유로 반항이 불가능한 상태를 말하는데, 그 반항이 불가능한 상태가 육체적인 이유이든 심리적인 이유이든 문제되지 않는다.

예를 들면, 의사가 치료를 가장하여 자신을 신뢰하고 있는 여자 환자를 간음하는 경우는 심리적으로 반항이 불가능한 상태라 할 것이고, 팔과 다리가 없는 신체장애인이나 기진맥진하여 항거할 힘이 없는 부녀자를 간음하는 경우는 육체적으로 반항이 불가능한 상태라 하겠다.[19]

이러한 준강간죄는 강간죄와 동일한 형으로 처벌되며, 기수에 이르지 아니한 미수범의 경우에도 기수범과 동일한 형사처벌을 받을 수 있다.

따라서 아직 성교행위의 단계에까지는 이르지 못하였을지라도 심신상실이나 항거불능상태를 이용하여 간음하려고 하는 행동이 외부로 표출되었을 때에는 그 미수죄의 죄책을 면할 수 없게 되는 것이다.

그리고 준강간죄는 피해자의 고소가 있어야 처벌할 수 있는 친고죄이다. 다만, 신체장애 또는 정신상의 장애로 인하여 항거불능상태에 있는 여자를 간음한 경우만은 "성폭력범죄의처벌및피해자보호등에관한법률"에 의하여 피해자의 고소 여부에 관계 없이 처벌할 수 있는 비친고죄로 규정하고 있음을 유의하여야 한다.

이러한 준강간으로 인하여 피해자가 상해를 입거나 사망한 경우에는 준강간치상죄 또는 준강간치사죄가 성립되므로 이 경우에는 어느 경우나 피해자의 고소 여부에 관계 없이 처벌할 수 있게 된다.

(3) 미성년자 등에 대한 간음죄

저에게는 중학생인 딸(15세)이 있습니다. 지난 여름방학 때 제 딸은 친구들과 제주도로 배낭여행을 떠났다가 간음을 당했습니다.
차비가 떨어져 아르바이트 자리를 구하려고 제주시내를 배회하던 중, 돈을 빌려주겠다는 레스토랑주인 이치한의 유혹에 빠져 성행위가 무엇인지도 모르는 채 간음을 당했다는 것입니다.
후에 이 사실을 알게 된 제가 이치한을 성폭력범으로 고소하려 하자 이치한은 화간이었으므로 자신에게는 아무 죄도 없다고 오히려 큰소리를 치고 있습니다.
정말로 이치한에게 아무런 죄도 물을 수 없는지요?

〈사례〉에 있어서 이치한이 피해자를 간음함에 있어서는 폭행이나 협박 등 폭력적인 방법을 사용하지 아니하였다는 이유에서 화간이라는 주장을 하고 있는 것 같은데, 위와 같은 이치한의 행위는 강간죄에는 해당하지 않지만, 형법 제302조의 '미성년자 간음죄'에는 해당하는 성폭력범죄가 성립된다.

따라서 피해자의 부모는 얼마든지 이치한을 성폭력범으로 고소하여 처벌받게 할 수 있다.

형법 제302조는 미성년자 또는 심신미약자를 위계 또는 위력으로 간음한 경우에는 5년 이하의 징역에 처하도록 규정하고 있다.

미성년자와 심신미약자는 성행위에 대한 판단능력이 부족한 점을 고려하여 법률이 이들을 특히 보호하려는 취지에서 폭행·협박으로 반항을 억압하고 강간하는 경우가 아니더라도 강간죄에 준하여 처벌할 수 있도록 규정한 것이다.

본 죄에 있어 '미성년자'라 함은 만 20세가 되지 않은 여자를 말하며, 결혼한 미성년자일 경우도 본 죄의 피해자인 미성년자가 될 수 있다. 다만, 만 13세가 되지 않은 미성년자를 간음한 경우에는 본 죄보다 더욱 중한 '미성년자 의제강간죄'로 처벌되므로 결국 본 죄의 미성년자는 만 13세 이상 만 20세 미만의 미성년자를 의미한다고 하겠다.

'심신미약자'란 정신기능의 장애로 정상적인 판단능력이 부족한 여자를 말한다. 그리고 본 죄의 수단인 '위계'란 상대여자를 착오에 빠지게 하여 정상적인 판단을 그르치게 하는 것으로, 기망이나 유혹의 방법을 쓰거나 미성년자의 성적무지를 이용하는 것도 포함하는 개념이다.

'위력'이란 사람의 의사를 제압할 수 있는 행동을 하는 것으로 폭행·협박은 물론이고, 그 밖에 자신의 지위나 권세를 이용하여 미성년자나 심신미약자인 여자의 의사를 제압하는 경우도 이에 해당한다.

따라서 본 죄에 있어서 폭행·협박은 경미한 정도로도 충분하다고 할 것이며, 만일 폭행·협박의 정도가 강간죄의 요건에 해당할 정도라면 본 죄보다 중한 일반 강간죄가 성립할 것이다.[20]

그리고 본 죄는 강간죄와는 달리 그 미수범을 처벌하지 않고 있으나, 만일 그 미수의 상태가 추행에 해당된다면 미성년자 추행죄 또는 심신미약자 추행죄로 처벌할 수 있다.

추행죄에 관한 상세한 설명은 강제추행죄의 해당 항목을 참고하기 바란다.

(4) 미성년자 의제강간죄

사례

저의 딸은 초등학교 3학년으로 이제 만 9세에 불과한 어린 아이입니다.
그런데 이웃에 살고 있는 에스가 아무것도 모르는 철부지인 저의 딸을 꾀어내어 과자를 사주면서 간음을 하는 천인공노할 만행을 저질렀습니다.
그러나 간음당시 저의 딸은 너무 어린 탓에 에스가 무슨짓을 하는지도 모르고 당한 모양입니다. 이러한 경우에도 에스를 강간죄로 고소하여 처벌할 수 있을까요?

위

〈사례〉의 경우, 에스가 아무런 강제력을 행사치 않았을지라도 형법 제305조에 의하여 일반 강간죄와 동일하게 처벌할 수 있는데, 이를 '미성년자 의제강간죄' 라고 한다.
따라서 위 〈사례〉에 있어서는 에스를 성폭력범으로 고소하여 강간죄와 동일한 형으로 처벌할 수 있다.
'미성년자 의제강간죄' 란 13세 미만의 여자를 간음함으로써 성립하는 범죄이다.
13세 미만의 여자를 간음한 경우에는 폭행·협박·위계·위력 등의 수단을 쓰지 않았더라도 무조건 강간죄와 마찬가지로 동일한 형으로 처벌하고 있는데, 강간한 것으로 '의제' 된다고 하여 '미성년자 의제강간죄' 라고 한다.
13세가 되지 않은 사람은 아직 모든 판단능력이 미숙한 상태이므로 성행위에 대한 승낙능력도 없다고 보아 설령 본인의 동의가 있었다고

하더라도 무조건 강간한 것으로 의제하는 것이다.[21]

그리고 13세 미만의 여자를 폭행·협박으로 간음하는 강간죄를 범하거나 위계·위력으로 간음하는 경우에는 피해자의 고소를 필요로 하지 않으며 그 형도 5년 이상의 징역으로 가중처벌된다.

다만, 본 죄가 성립하기 위해서는 피해자가 13세 미만이라는 점을 인식하고 간음하여야 한다.

만일 13세 이상인 것으로 알았고, 그와 같이 인식할 만한 상당한 사유가 있었다면 본 죄는 성립하지 않을 것이다. 또한 13세 미만인 것으로 알고 간음하였으나 실제로는 13세 이상인 경우에도 본 죄는 성립되지 않는다.[22]

그리고 본 죄는 고소를 요건으로 하는 친고죄이나, 간음에 있어 폭행·협박·위계·위력을 사용함으로써 성폭력처벌법 제8조의 2에 해당하는 경우와 본 죄를 범하여 처녀막파열 등 상해가 발생되었을 경우에는 피해자나 피해자의 친권자가 고소를 하지 않더라도 처벌할 수 있게 된다.

(5) 업무상 위력 등에 의한 간음죄

제 친구는 다방에서 마담으로 일하고 있습니다. 어느 날 사장과 다방의 수입관계를 정산하다가 사장으로부터 간음을 당한 일이 있습니다.

당시 친구는 사장에게 3천만원의 빚을 지고 있었고 또 5백만원 상당의 외상값도 책임지고 있는 상태였는데, 사장이 은근히 친구의 몸을 요구하면서 그렇지 않으면 당장 그 3천5백만원을 갚고 나가라고 해서 친구로서는 사장의 행동에 강력한 반항을 할 수도 없는 처지였다고 합니다.
그런데 나중에 알고 보니 사장은 친구뿐만 아니라 나이 어린 여자 종업원들까지도 이런 식으로 건드리고 있는 파렴치한이었습니다.
친구가 사장의 요구를 단호하게 거절하지 못한 것은 잘못이지만 이처럼 파렴치한을 성폭력범으로 고소하여 처벌받게 할 수는 없나요?

결론부터 말씀드린다면, 친구는 사장을 형법 제303조 제1항에 규정된 '업무상 위력 등에 의한 간음죄'로 고소하여 처벌할 수 있다.
'업무상 위력 등에 의한 간음죄'는 업무, 고용, 기타 관계로 인하여 자기의 보호 또는 감독을 받는 여자를 위계 또는 위력으로 간음하는 범죄로서 형법 제303조 제1항에서 5년 이하의 징역 또는 1천5백만원 이하의 벌금형에 처하고 있다.
'업무상 위력 등에 의한 간음죄'는 업무 또는 고용 관계 등으로 보호, 감독을 받는 부녀자는 이들을 보호, 감독하는 위치에 있는 남성들로부터 성적 자유를 부당하게 침해받을 우려가 있으므로, 이처럼 약한 위치에 처해 있는 부녀자들을 특별히 보호하려는 취지에서 폭행·협박에 의한 강간이 아닌 경우에도 위계 또는 위력만 있으면 처벌할 수 있도록 특별히 규정한 범죄이다.
여기서 말하는 '업무관계'에는 공적 업무와 사적 업무가 모두 포함된다. 또한 '고용관계'란 사용자 외 피용자의 관계를 뜻하는 것이며, 그 밖에 '보호, 감독을 받는 관계'라는 것은 사실상 보호, 감독을 받는 상황에 있는 것도 포함하는 개념이다.

예를 들면, 아내가 운영하는 미장원의 여자 종업원을 그 남편이 위계나 위력으로 간음한 경우에도 이 죄는 성립하는 것이다.[23]

그리고 여기서 '위계'란 기망이나 유혹의 방법을 사용하거나 상대방의 무지 등을 이용하여 착오에 빠지게 함으로써 정상적인 판단을 할 수 없게 만드는 것을 의미하며, '위력'이란 상대방의 의사를 제압하는 힘을 뜻하는 것으로 폭행·협박이 아니더라도 자신의 지위나 권한을 이용하여 상대 여자의 의사를 제압하는 경우도 포함하는 개념이다.

사장이 종업원인 부녀자에게 말을 듣지 않으면 해고시킬 듯한 태도를 취하여 그 종업원의 의사를 제압하고 간음한 경우가 이에 해당할 것이다.

다만, 이 경우에 있어 그 보호감독을 받는 부녀자가 미성년자라면 이 죄보다 중한 미성년자 간음죄로 처벌받게 될 것이며, 만일 폭행·협박까지 하였다면 강간죄로 처벌받게 될 것이다.

그리고 법률에 의하여 구금된 부녀자를 감호하는 자가 그 부녀자를 간음한 때에는 7년 이하의 징역으로 가중처벌된다(형법 제303조 제2항).

또한 본 죄의 미수범은 처벌하지 아니하나, 만일 그 미수행위가 추행에 해당한다면 "성폭력범죄의처벌및피해자보호등에관한법률"상의 '업무상 위력 등에 의한 추행죄'로 고소하여 처벌할 수 있을 것이다.

업무상 위력 등에 의한 추행죄에 관하여는 강제추행죄의 해당항목을 참고하기 바란다.

5

강간죄의 성립 여부가 문제되는 사례

(1) 여자도 강간죄로 처벌할 수 있는가

회사원인 서애련 양은 우연한 기회에 재벌의 아들인 김건달을 알게 되어 3년간의 연애끝에 서로 결혼까지 약속하게 되었다.
그러던 어느 날 밤 귀가중이었던 서애련 양은 집 근처에서 정체를 알 수 없는 괴한들에게 납치되어 한강고수부지로 끌려가 수없이 윤간을 당한 일이 있었다. 나중에 알고 보니 김건달과의 결혼을 반대하는 김건달의 어머니가 서애련 양과 아들의 사이를 떼어놓으려고 불량배들을 매수하여 저지른 무서운 공작이었다.
이 경우 서애련 양은 김건달의 어머니를 성폭력범으로 고소하여 처벌받게 할 수 있을까?

위 〈사례〉는 강간죄의 공범성립에 관한 문제이다.
'강간'이란 폭행·협박으로 반항을 억압하고 강제로 여자를 간음함으로써 성립하는 범죄를 말하며, 여기서 '간음'이란 남자의 성기를 여자의 성기에 삽입하는 것을 의미하므로 신체구조상 여자는 강간죄의 주체가 될 수 없을 것이다.

따라서 법률상 강간죄의 주체는 남자이며, 피해자는 여자로 한정되어 있는 것이다.

그러므로 설령 힘이 센 여자가 남자를 폭행·협박하여 강제로 성교행위를 한 경우가 있다고 할지라도 강간죄는 성립할 수 없는 것이다.

다만, 강간죄와는 달리 강제추행죄는 성교행위를 요건으로 하는 것이 아니므로 위와 같은 경우에 있어서 강간죄는 성립되지 않지만 강제추행죄로 그 여자를 처벌할 수 있을 것이다.

그러나 이처럼 여자에게 강간죄가 성립할 수 없다는 것은 여자가 남자를 강간하는 경우만을 뜻하는 것이고 그렇지 않은 경우, 즉 남자가 여자를 강간함에 있어 공범으로서는 여자도 얼마든지 강간죄의 주체가 될 수 있다.

즉 강간죄의 경우에도 다른 일반 범죄와 마찬가지로 공범이 인정되므로, 이러한 공범관계가 성립하는 경우에는 직접 강간행위를 할 수 없는 여자의 경우라도 공범으로서 강간행위를 한 경우와 마찬가지의 처벌을 받게 되는 경우는 있을 수 있다.[24]

예를 들어 여자가 남자를 시켜 자신의 애인을 좋아하는 여자를 강간하도록 하는 경우, 강간당하는 여자가 반항하지 못하도록 옆에서 팔과 다리를 붙잡아주는 경우, 소리를 지르지 못하도록 손으로 입을 틀어 막아주는 경우, 여자를 강간할 때 망을 보아주는 경우 등에 있어서는 그 여자에 대해서도 강간하는 남자와 공범으로서 강간죄가 성립될 수 있는 것이다.

그러나 어떠한 경우에 있어서도 여자 단독으로는 법률상 강간죄가 성립할 수 없는데, 이에 대해서는 남녀평등의 원칙에 배치되는 위헌조항이라고 주장하는 사람도 있다.
 따라서 〈사례〉의 경우에 있어서도 서애련 양은 김건달의 어머니를 성폭력범으로 고소하여 얼마든지 처벌받게 할 수 있다.

(2) 여자의 남자에 대한 강간죄의 성립 여부

레스토랑에서 종업원으로 일하고 있는 18세의 소년입니다. 저는 몸은 약하지만 여자처럼 예쁘게 생긴 얼굴 때문에 평소 레스토랑의 여사장인 강색녀의 귀여움을 받고 있었습니다.
그런데 어느 날 밤 강색녀가 술을 마시고 제 방으로 들어와 남자처럼 주먹과 발로 폭행하면서 저에게 성행위를 요구했습니다. 결국 저는 부끄럽게도 여자로부터 강간을 당하고 말았습니다.
남자인 제가 여자인 강색녀를 성폭력범으로 고소하여 처벌받게 할 수 없습니까?

 〈사례〉는 결론부터 말씀드린다면, 강간죄는 성립할 수 없으며 단지 강제추행죄가 문제되는 경우에 불과하다고 하겠다.
 강간죄는 폭력을 행사하여 강제로 여자를 간음함으로써 성립하는 죄를 말하며 여기서 간음이란 남자의 성교행위를 의미하는 것이다.
 따라서 법률상 여자는 강간죄의 피해자가 될 수 있을 뿐 가해자는 될 수 없는 것이다.

그러므로 위 〈사례〉처럼 여자가 남자를 폭행·협박하여 강제로 성행위를 한 경우가 있다고 할지라도 강간죄는 성립할 수 없는 것이다.

다만, 강간죄와는 달리 강제추행죄는 성교행위를 요건으로 하는 것이 아니므로 〈사례〉와 같은 경우에 강색녀에 대하여 강간죄는 성립되지 않지만 강제추행죄로는 처벌할 수 있을 것이다.

그러나 이처럼 여자에게 강간죄가 성립할 수 없다는 것은 여자가 남자를 강간하는 경우만을 뜻하는 것이고 그렇지 않은 경우, 다시 말해서 남자가 여자를 강간함에 있어서 공범으로서는 여자도 얼마든지 강간죄의 주체가 될 수 있다.

즉 여자가 남자를 시켜 여자를 강간하도록 하는 경우, 강간당하는 여자가 도망가지 못하도록 밖에서 출입문을 막아 주는 경우, 소리를 지르지 못하도록 손으로 입을 틀어 막아주는 경우 등에 있어서는 그 여자에 대해서도 강간하는 남자와 공범으로서 강간죄가 성립될 수 있는 것이다.

그러나 어떤 경우에 있어서도 여자 단독으로는 법률상 강간죄가 성립할 수 없는데, 이에 대하여는 남녀평등의 원칙에 위배되는 위헌조항이라고 주장하는 견해도 있다.

그러나 대법원 판례는 남녀의 생리적·육체적 차이에 의하여 강간이 남성에 의하여 감행되는 것이 보통인 실정에 비추어 불합리한 특권을 여자에게 부여한 것이라고는 할 수 없으므로 평등의 원칙에 반하는 것은 아니라는 태도를 취하고 있다.[25]

(3) 처녀막파열도 강간치상죄에 해당되는 '상해'인가

직장 여성입니다. 극장에서 우연히 만나게 된 남자와 저녁식사를 같이 하고 한강시민공원에서 데이트를 하던 중, 태도가 돌변한 그로부터 강간을 당하고 말았습니다.
그때 처녀막이 파열되는 피해까지 입었습니다.
처녀막이 파열된 경우에는 죄가 가중되어 범인을 더욱 무겁게 처벌할 수 있다는데 그것이 사실인지요?

〈사례〉는 처녀막파열을 상해로 인정할 수 있는가, 즉 처녀막파열도 강간치상죄에 해당하는 '상해'로 볼 수 있는가 하는 문제라 하겠다.
'강간치상죄'란 강간행위로 인하여 피해자가 상해를 입은 경우에 성립하는 범죄를 말하는데, 강간죄가 기수에 이르지 못한 강간미수의 경우에도 강간치상죄는 성립할 수 있다.[26]

즉 강간하려고 부녀자에게 폭행·협박을 하였으나 피해자가 소리를 지르며 반항하는 바람에 성교행위는 해보지도 못한 경우에 있어서도 그와 같은 폭행으로 피해자가 상해를 입었다면 강간치상죄로 처벌되는 것이다.

그리고 강간치상죄는 그 피해결과가 중한 만큼 강간죄보다도 더 무거운 처벌을 받으며, 또 강간죄와는 달리 피해자의 고소 여부에 관계 없이 형사처벌을 할 수 있는 비친고죄로 규정되어 있다.

즉 강간치상죄는 피해자의 고소를 필요로 하는 친고죄가 아니다.

그러나 강간치상죄가 성립하려면, 피해자의 상해가 강간으로 인하여 발생된 것이어야 한다. 다시 말해서 성교행위 자체에 의하여 상해가 발

생하거나 강간의 수단인 폭행·협박이나 강간행위에 수반되는 행위에
의해서 발생된 것이어야 한다.
　예를 들면, 성행위 자체에 의하여 발생하는 상해로는 여성의 질에 상
처를 입히거나 성병을 감염시키는 경우 등이 해당할 것이고, 강간행위
에 수반되는 행위에 의한 것으로는 거친 땅바닥에서 강간함으로써 피해
자의 몸에 상처를 입히는 경우, 강간을 피하기 위하여 피해자가 창문으
로 뛰어내리다가 상해를 입은 경우가 해당할 것이다.
　그러나 피해자가 강간당한 후 수치심으로 자살을 시도하다가 상해를
입은 경우, 강간으로 임신되어 낙태수술을 받던 중 사망한 경우 등은 강
간과 직접적인 인과관계가 없으므로 강간치상죄나 강간치사죄가 성립
되지 않는다.
　그리고 강간치상죄에 있어서의 '상해'는 상해죄의 그것과 마찬가지로
'신체의 완전성'이나 '기능장애'를 초래하는 것을 뜻하므로 외부로 나
타나는 상처는 물론이고 그 밖에 강간으로 인하여 보행불능, 수면장애,
성병감염, 히스테리증 야기 등의 기능장애를 일으킨 경우도 모두 강간
치상죄가 성립하는 상해가 된다.[27]
　〈사례〉처럼 강간으로 처녀막이 파열된 경우에 대하여는 신체의 완전
성이나 기능장애를 초래치 않는다는 취지에서 강간치상죄는 성립되지
않는다고 보는 견해가 없는 것은 아니나, 통설이나 판례는 모두 강간치
상죄가 된다는 견해를 취하고 있다.[28]
　강간치상죄에 해당하는 '상해'가 있었다고 볼 것인가 하는 것이 문제
되었던 몇 가지의 대법원 판례를 살펴보면, 전에 성경험이 있는 피해자
에게 3, 4일간의 치료를 요하는 외음부충혈과 상박부 근육통이 발생된
사안에 대하여 신체의 완전성이나 생활기능에 장애가 왔다거나 건강상
태가 불량해졌다고 보기 어렵다는 이유에서 그와 같은 정도의 상처는

강간치상죄의 상해에 해당되지 않는다고 판결한 사례가 있었고[29], 반대로 13세 미만의 피해자가 음순 내부에 단지 2일간의 치료를 요하는 피하혈반이 생긴 사안에 대하여는 강간치상죄의 상해에 해당하는 것이라고 판시한 사례도 있었으며, 강간중 범인이 흥분하여 피해자의 어깨를 입으로 빨아서 흡입상을 입게 한 사안에 대하여는 그러한 상처는 인체의 생활기능에 장애를 주고 건강상태를 불량하게 변경시켰다고 보기 어렵다는 이유에서 역시 강간치상죄는 되지 않는다고 판시한 사례가 있었다.[30]

(4) 부부 사이에도 강간죄가 성립하는가

부부 사이에도 강간죄가 성립할 수 있는가? 이는 부부 사이에서 아내가 성행위를 거부하는데도 불구하고 남편이 폭행·협박으로 아내의 반항을 억압하고 강제로 성행위를 한 경우에 남편에게 형법상의 강간죄가 성립하느냐, 즉 남편을 강간죄로 고소하여 처벌받게 할 수 있느냐가 문제인 것이다.

이에 관하여는 강간죄의 성립을 인정하는 긍정설과 이를 인정하지 아니하는 부정설이 대립되어 있다.

강간죄의 성립을 긍정하는 입장에서는, 부부의 혼인관계도 계약관계의 일종이므로 이러한 부부의 혼인계약에 강요된 성행위까지 포함된다고는 볼 수 없으므로 강간죄를 인정해야 한다고 주장하고 있다.

한편 강간죄의 성립을 부정하는 입장에서는 부부관계의 특수성을 강조하여 부부간의 성관계에 형법상의 강간죄를 도입할 수는 없다고 주장을 하고 있다.

이에 관하여 우리나라 대법원 판례는 부부 사이에는 정교청구권이 있다는 취지에서 부부 사이의 강간죄를 인정하지 아니하는 취지의 판결을 한 바 있다.31)

그러나 이 경우에 있어서도 강제로 성행위를 하는 과정에서 폭행이나 협박을 한 경우에는 폭행죄나 협박죄가 성립할 수 있고 또 상해가 발생된 경우에는 상해죄로는 처벌할 수 있다.

---

1) 형법 제297조.
2) 대법원 판결 78도1792 사건.
3) 대법원 판결 84도1209 사건.
4) 형법 제299조. 특히 성폭력처벌법은 정신장애인에 대한 간음죄를 신설하고 이를 비친고죄로 규정하였는 바, 〈사례〉에 대하여는 성폭력처벌법이 적용된다.
5) 형법 제306조.
6) 특수강간죄의 공소시효는 10년이다.
7) 대법원 판결 82도1446 사건

8) 강간죄의 공소시효는 7년이다.
9) 성폭력범죄의처벌및피해자보호등에관한법률 제6조 제1항.
10) 주간이라도 '흉기를 휴대하거나', '2인 이상 합동' 한 절도범인이 부녀자를 강간한 경우에는 무기 또는 5년 이상의 징역에 처한다(성폭력범죄의처벌및피해자보호에관한법률 제5조 제1항, 형법 제33조 제2항).
11) 형법 제339조, 제342조.
12) 특정범죄가중처벌등에관한법률 제5조의 5.
13) 특수강도강간죄는 사형·무기 또는 10년 이상의 징역에 처한다(성폭력범죄의처벌및피해자보호등에관한법률 제5조 제 2항).
14) 친족관계에 의한 강간죄의 공소시효는 7년이다.
15) 1997. 7. 30. 개정된 법률은 그 부칙에서 1998. 1. 1.부터 시행한다고 규정되어 있으므로 1998. 1. 1. 이전에 발생된 범죄는 종전의 법률규정이 적용될 수밖에 없음을 유의하여야 한다.
16) 성폭력범죄의처벌및피해자보호등에관한법률 제6조 제4항.
17) 형법 제299조.
18) 대법원 판결 76도3673 사건.
19) 그러나 행위자가 간음을 목적으로 피해자를 항거불능상태로 만든 경우, 예컨대 간음을 목적으로 부녀자에게 수면제를 먹여 잠들게 한 후 간음한 경우에는 준강간죄가 아니라 강간죄가 성립하게 된다.
20) 대법원 판결 65도45 사건.
21) 대법원 판결 82도2183 사건.
22) 대법원 판결 90도335 사건.
23) 대법원 판결 74도1519 사건.
24) 대법원 판결 84도780 사건.
25) 대법원 판결 67도1 사건.
26) 대법원 판결 84도1209 사건.
27) 대법원 판결 94도1351, 69도161, 69도2213 사건.
28) 대법원 판결 4293형상40, 94도1351 사건.
29) 대법원 판결 88도831 사건.
30) 대법원 판결 85도2042, 91도2188 사건.
31) 대법원 판결 70도29 사건.

[제 4 장]
강제추행죄

1. '강제추행'이란 어떤 범죄인가
2. 강제추행죄의 유형
3. 피해자의 고소가 없어도 처벌할 수 있는 강제추행죄
4. 강제가 아닌 경우에도 강제추행죄에 준하여 처벌할 수 있는 사례
5. 공중일집장소에서의 추행죄
6. 통신매체이용음란죄
7. 카메라 등 이용 촬영죄

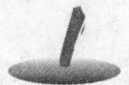

'강제추행'이란 어떤 범죄인가

<1> 제 친구의 딸은 유치원에 다니고 있는 이제 6살된 어린 아이입니다. 그런데 최근에 같은 집에 세 살고 있는 김건달이 6살짜리 어린 딸을 상대로 성폭행을 하였다는 사실을 친구가 뒤늦게 알게 되었습니다.
당시 김건달은 아무것도 모르는 아이의 음부에 손가락을 집어넣는 등 성폭행을 하였다고 합니다. 이러한 경우, 김건달을 강간죄로 고소할 수 있을까요?

<2> 직장 여성입니다. 같은 사무실에 근무하는 남자 동료와 사소한 일로 언쟁을 하다가 서로 멱살을 잡고 싸움까지 하게 되었습니다.
그런데 야비하게도 남자 동료가 뒤에서 저를 껴안으면서 손으로 제 유방을 잡고 놓지 않는 바람에 끝내 저는 여러 사람 앞에서 울음을 터뜨리고 말았습니다.
너무나 억울해서 그러는데 남자 동료를 성폭력범으로 고소하여 처벌받게 할 수 있을까요?

위 〈사례〉는 모두 성폭력범죄 중 강제추행죄의 성립 여부에 관한 사안이다.

'강제추행죄'는 ① 폭행·협박으로 반항을 억압하고 강제로, ② 사람을 추행함으로써 성립하는 범죄이다.[1]

여기서 '추행'이란 일반인에게 성적인 수치심이나 혐오의 감정을 일으키게 할 수 있는 일체의 음란행위를 말하는 것이다.

따라서 여자의 유방을 만지거나 음부에 손가락을 집어넣는 행위는 물론이고, 여자가 남자의 성기를 만지는 행위, 옷을 벗겨 나체로 만드는 행위 등도 모두 추행에 해당하는 것이다.

그러나 객관적으로 성적 수치심이나 혐오의 감정을 일으킬 수 있는 행위여야 하므로 단순한 '성희롱'의 정도에 해당하는 행위는 특수한 경우를 제외하고는 강제추행죄에 해당하는 추행이라고 보기는 어렵고, 단지 "성폭력범죄의처벌및피해자보호등에관한법률"상의 공중밀집장소에서의 추행죄에 해당하는 추행이 될 수는 있다.

또한 이러한 추행은 폭행·협박이라는 강제수단에 의하여 이루어져야 하며, 만일 당사자의 승낙하에 이루어졌다면 단순한 애정표현이 될 뿐 법률상 아무런 문제가 되지 않는다.

여기서의 폭행·협박이란 강간죄에서 요구하는 폭행·협박과 같은 개념이나, 그 정도에서 있어서는 강간죄의 것보다는 다소 약한 것이라도 충분하다고 할 수 있다.

다만, 강간죄와는 달리 폭행·협박 자체가 강제추행에 해당하는 경우가 있을 수 있는데, 예를 들어 남녀가 싸우면서 여자의 유방이나 남자의 성기를 잡아 흔드는 경우가 이에 해당하는 경우라 할 수 있다.[2]

〈사례 1〉의 경우에 있어서 김건달의 행위는 성교행위는 아니므로 강간죄는 성립할 수 없고, 단순한 추행행위에 해당할 것이지만 피해자가

13세 미만의 어린아이이므로 이러한 경우에는 아무런 강제력을 행사치 아니하였지만 '미성년자의제강제추행죄'에 해당하므로 강제추행죄와 동일하게 고소하여 처벌받게 할 수 있다.

위 사례 〈2〉도 폭행행위 자체가 강제추행에 해당하는 행위이므로 피해자는 가해자인 남자 동료를 강제추행죄로 고소하여 처벌받게 할 수 있다.

그리고 이러한 강제추행죄는 강간죄와는 달리 여자도 본 죄의 주체가 될 수 있고, 또 남자도 피해자가 될 수 있으며, 동성간에서도 얼마든지 성립할 수 있는 범죄이다.

즉 강간죄는 강제로 성교행위를 함으로써 성립하는 범죄이기 때문에 그 성질상 여자는 강간죄의 주체가 될 수 없고 또 동성간에는 신체구조상 강간죄가 성립할 여지가 없는 것이다. 그러나 강제추행죄는 주체나 객체에 아무런 제한이 있을 수 없는 것이다.

즉 여자가 남자에 대해서도 추행이 가능하며, 동성간에서도 추행은 가능한 것이기 때문이다. 따라서 힘이 센 여자가 남자를 강간한 경우에 있어서도 강간죄는 성립할 수 없지만 강제추행죄로는 처벌이 가능한 것이다.

여기서 부부 사이에서도 강제추행죄가 성립할 수 있느냐 하는 것이 문제될 수 있는데, 이에 관하여는 부부 사이에서도 일반적인 성생활 이외의 추잡한 행위를 강제할 수는 없다는 이유에서 그 성립을 인정하는 긍정설과 부부관계의 특수성에 비추어 부부의 성생활에 형법이 관여하는 것은 온당치 못하다는 이유에서 이를 부정하는 설이 대립하고 있다.

통설과 판례는 이를 인정하지 아니하는 부정설의 입장을 취하고 있다. 그리고 이러한 강제추행죄도 강간죄와 마찬가지로 그 대부분이 피해자의 고소가 있어야만 처벌이 가능한 친고죄이며, 행위유형에 따라

준강제추행죄와 강제추행치사상의 죄, 미성년자 등에 대한 추행죄, 미성년자 의제강제추행죄, 신체장애인에 대한 추행죄 등이 있다.
  이에 관하여는 해당 항목의 설명을 참고하기 바란다.

강제추행죄의 유형

강애련은 25세의 미혼여성으로서 사랑하던 애인이 불의의 교통사고로 사망한 후, 성인남자만 보면 모든 남자를 자신의 애인으로 착각하는 정신병을 앓고 있다. 이러한 강 양의 정신질환을 이용하여 이웃에 살고 있는 한치한이 강 양을 껴안고 애무하는 등 성폭력을 행사하여 왔다.
강 양의 부모는 한치한을 성폭력범으로 고소하려고 하는데 성폭력범죄 중 어떤 죄로 고소하여야 하는가?

〈사례〉의 경우는, 폭행이나 협박 등으로 강 양의 반항을 억압하고 강제로 추행한 것은 아니므로 일반 강제추행죄에는 해당하지 않지만, 정신이상으로 반항할 수 없는 피해자의 심신상태를 이용하여 추행한 것이므로 성폭력범죄의처벌및피해자보호등에관한법률 제8조 '정신상의 장애인에 대한 추행죄'로 고소하여야 한다.
다만, 위 범행이 1998. 1. 1. 이전에 발생된 것이라면 형법상의 준강제추행죄로 고소하여야 한다.
강제추행죄는 추행의 수단과 방법, 추행하는 사람의 신분, 추행당하는 사람의 나이 및 심신상태, 추행의 결과 등에 따라 그 범죄의 유형과 처벌되는 형량에 큰 차이를 보이고 있다.

우선, 강제추행죄는 크게 두 가지 유형으로 나누어 볼 수 있는데 첫째, 폭행이나 협박을 하여 강제로 추행하는 경우이고 둘째, 폭행·협박 등으로 반항을 억압하지는 않지만 반항할 수 없는 심신상태를 이용하여 추행하는 경우이다.

먼저, 폭행·협박으로 반항을 억압하고 추행하는 경우로 가장 일반적인 경우는 단독으로 피해자를 추행하는 강제추행인데 이러한 추행죄는 10년 이하의 징역이나 1천5백만원 이하의 벌금형에 처한다.

이와 같은 강제추행죄를 흉기를 휴대하거나 2인 이상이 합동하여 범한 경우에는 특수강제추행죄로서 3년 이상의 징역이라는 중형에 처하며, 야간에 주거에 침입한 강도나 2인 이상이 합동한 강도 또는 흉기를 휴대한 강도가 강제추행죄를 범한 특수강도추행의 경우에는 사형, 무기 또는 10년 이상의 무거운 형으로 처벌하고 있다.

또한 의붓아버지가 딸을 강제추행하는 경우처럼 4촌 이내의 혈족이나 2촌 이내의 인척이 그러한 친족을 강제추행한 경우에도 3년 이상의 징역으로 가중처벌하고 있다.

한편, 이와 같은 각종 강제추행 행위로 인하여 피해자가 상해를 입거나 사망하는 치사상의 결과가 발생되면 범죄유형에 따라 최고 사형까지 가중처벌된다는 것을 유의할 필요가 있다.

다음은 〈사례〉의 경우처럼 폭행·협박으로 피해자의 반항을 억압하지는 않지만 이미 반항할 수 없는 심신상태에 있음을 이용하여 추행하는 경우로서, 피해자가 정신이상 등으로 심신상실상태에 있거나 약물복용으로 항거불능상태에 빠져 있음을 이용하여 추행하는 준강제추행죄가 있는데 이 경우에도 일반 강제추행죄와 마찬가지의 형으로 처벌하며, 그 밖에 행위유형에 따라 특수준강제추행죄, 야간주거침입절도범인 등의 준강제추행죄, 친족관계에 의한 준강제추행죄 등과 그 치사상의 죄가 있는데 그 형량도 해당 강제추행죄의 형량과 동일하게 규정되어 있다.

그리고 신체장애인이나 정신상의 장애인이 그 장애로 인하여 반항하기 어려운 상태에 있음을 이용하여 그를 추행한 경우에는 행위유형에 따라 강제추행죄 또는 특수강제추행죄와 같은 형으로 가중처벌되며, 이 경우는 피해자의 고소를 필요로 하지 않는 비친고죄임을 유의할 필요가 있다.

그리고 미성년자 또는 심신미약자를 위계나 위력으로 추행하는 미성년자 추행죄는 5년 이하의 징역에 처하고, 그 미성년자가 13세 미만인 경우에는 아무런 위계나 위력을 사용하지 않더라도 무조건 강제추행죄와 같은 형으로 처벌하고 있다. 이를 미성년자 의제강제추행죄라고 한다.

이상으로 강제추행죄의 여러 유형을 대략적으로 살펴보았다. 그 구체적인 내용에 관하여는 해당 항목의 설명을 참고하기 바란다.

3

피해자의 고소가 없어도 처벌할 수 있는 강제추행죄

(1) 비친고죄인 강제추행죄

갑순이는 불량배인 유주먹과 교제하여 오다가 2년 전에 부모님의 반대로 유주먹과 헤어진 후 성실한 회사원을 소개받아 약혼까지 하게 되었다.

그런데 헤어진 후에도 유주먹이 갑순이를 불러내어 자신을 배신하였다고 하면서 식칼로 그녀의 옷을 찢고 가슴을 만지는 등 추행을 일삼는 바람에 갑순이는 직장도 그만두고 고향으로 피신해 있다.

그럼에도 불구하고 유주먹이 지금까지도 갑순이를 잊지 못하고 복수를 하겠다고 벼르고 있어 갑순이는 더 이상의 피해가 없도록 2년 전의 강제추행 사실로 유주먹을 고소하고 싶어 한다. 이미 친고죄의 고소기간이 지나버린 것은 아닌가?

강제추행죄는 일반적으로 피해자의 고소가 있어야만 처벌할 수 있는 '친고죄'이며, 이러한 성폭력범죄의 고소는 피해자가 범인을 안 날로부터 1년 이내에 제기하여야만 한다.

우리 사회에서 어떤 사람이 강제추행을 당하였다는 사실은 피해자 본인에게 매우 수치스러운 사건이 될 수 있고, 또 개인의 명예나 장래 결혼생활에도 유·무형의 불이익을 가져올 수 있는 것이다. 그러므로 피해자로서는 비록 강제추행을 당한 것이 분하더라도 더 이상 소문을 내지 않고 그대로 묻어 두고 싶은 경우도 있을 수 있다.

따라서 법률은 이러한 강제추행죄의 특성을 고려하여 피해자의 마음에 따라 형사처벌 여부를 선택할 수 있도록 피해자의 고소를 형사처벌의 전제조건으로 규정하고 있는데 이를 '친고죄'라고 부른다.

즉 강제추행죄는 피해자의 고소가 있어야만 수사가 시작되며, 피해자의 고소로 범인이 구속되었다가도 1심 판결선고 전에 피해자가 고소를 취소하면 처음부터 고소가 없었던 것처럼 즉시 석방된다.

그러나 모든 강제추행죄가 고소를 요건으로 하는 친고죄는 아니다.

강제추행죄에 따라서는 그 죄질이 너무 중하여 형사처벌 여부를 피해자의 의사에만 맡겨둘 수 없는 경우가 있는데, 이러한 예외적인 경우에는 피해자의 고소가 필요 없게 되며, 설령 피해자가 고소를 취소하며 선처를 탄원하더라도 형사처벌을 할 수가 있다. 이러한 강제추행죄가 바로 비친고죄인 강제추행죄인 것이다.

〈사례〉는 흉기인 식칼을 휴대하고 피해자를 강제추행한 경우로서, 피해자를 해칠 위험성이 특히 높은 것이므로 "성폭력범죄의처벌및피해자보호등에관한법률"은 이를 특수강제추행죄로서 피해자의 고소를 필요로 하지 않는 비친고죄로 규정하는 한편 그 형량도 3년 이상의 유기징역으로 가중처벌하도록 규정하고 있다. 3년 이상의 유기징역이란 3~15년의 징역형을 의미한다.

따라서 〈사례〉의 경우는 친고죄가 아니므로 갑순은 고소기간의 제한을 받지 아니하고 지금이라도 유주먹을 고소할 수 있으며, 만일 고소하는 것이 번거로울 경우에는 단순 신고만으로도 유주먹을 성폭력범으로 처벌할 수가 있다.

(2) 강제추행치상죄와 강제추행치사죄

직장 여성입니다. 저는 아파트계단에서 강제로 키스를 하려고 달려드는 불량배 강건달을 피하던 중 계단에서 굴러 다리가 부러지는 상해를 입었습니다.
다행히 추행은 피할 수 있었지만 그로 인하여 다리가 부러지는 상해를 입게 되었는데, 가해자 강건달을 강제추행치상죄로 처벌받게 할 수는 없을까요?

강제추행치상죄는 추행으로 인하여 피해자가 상해를 입은 경우에 성립하는 범죄이며, '강제추행치사죄' 는 추행으로 피해자가 사망에 이른 경우에 성립하는 범죄이다.

이러한 강제추행치상죄와 강제추행치사죄는 추행으로 인한 피해가 특히 중한 점을 고려하여 피해자의 고소 여부에 관계 없이 가중처벌하도록 규정하고 있다. 강제추행치상죄와 강제추행치사죄에 대하여 형법 제301조는 무기 또는 5년 이상의 징역에 처한다고 규정하고 있다.

이러한 강제추행치상죄와 강제추행치사죄는 추행행위 자체가 기수에 이르지 못한 미수의 경우에도 성립할 수 있다. 예를 들어, 추행하려고 부녀자를 폭행·협박하였으나 피해자의 강력한 반항으로 추행행위는 해보지도 못한 경우에 있어서도 그와 같은 폭행·협박으로 피해자가 상해를 입었다면 강제추행치상죄가 성립하는 것이다.

그러나 강제추행치상죄나 강제추행치사죄가 성립하려면 피해자의 상해나 사망이 강제추행 행위로 인한 것이어야 한다.

즉 추행과 치상 또는 치사와의 사이에 상당한 인과관계가 있어야 하는 것이다. 예컨대, 피해자가 추행을 당한 후 집으로 돌아가 추행으로 인하여 더러워진 몸을 깨끗이 씻으려고 뜨거운 물에 몸을 담갔다가 화상을 입은 경우 등에 있어서는 강제추행과 상해 사이에 상당한 인과관계가 없으므로 강제추행치상죄는 성립하지 않는다.

그러나 추행행위로 인한 것이라면 추행 자체에 의하여 발생된 것이든, 추행의 수단인 폭행·협박에 의한 것이든, 또는 추행행위에 수반하여 발생된 것이든 강제추행치상죄가 성립함에 아무 문제가 없다.

예컨대, 여성의 질이나 남성의 성기에 상처를 입히는 경우, 유방에 염증을 생기게 하는 경우 등은 추행행위 자체에 의하여 발생하는 상해에 해당하고 폭력을 행사하여 피해자에게 상해를 입게 하는 경우는 추행의 수단인 폭행에 의하여 발생하는 상해에 해당한다.

〈사례〉의 경우처럼 피해자가 추행을 피하기 위하여 높은 곳에서 뛰어내리거나 계단에서 굴러 다리골절상을 입거나 사망한 경우는 추행행위에 수반하는 행위로 인하여 발생된 결과로서 강제추행치상죄나 강제추행치사죄의 죄책을 면할 수 없는 경우이다.

따라서 〈사례〉의 경우 피해자는 추행은 당하지 않았지만 얼마든지 강건달을 강제추행치상죄로 고소하여 처벌받게 할 수 있다. 또 이러한 강제추행치상죄는 피해자의 고소를 필요로 하지 않는 비친고죄이므로 피해자가 고소를 하지 않고 경찰에 신고만 하더라도 가해자를 성폭력범으로 처벌받게 할 수 있다.

(3) 특수강제추행죄

술집종업원인 손 양은 손님인 에스 씨로부터 강제추행을 당한 일이 있다.
당시 가해자 에스 씨의 친구 두 명은 손 양의 양쪽 팔을 붙잡아 꼼짝못하게 하고, 가해자는 손 양의 치마 밑으로 손을 집어넣어 음부를 만지는 등의 추행을 했다.
그런데 손 양이 일하고 있는 술집의 사장과 에스 씨는 친구 간이라 손 양으로서는 적극적으로 에스 씨를 고소하기도 어려운 형편이다. 이런 경우 손 양이 에스 씨와 그의 친구 두 명을 직접 고소하지 않고도 모두 처벌받게 할 수 있는 방법은 없는가?

〈사례〉는 '특수강제추행죄'에 해당하는 경우로서 피해자의 고소를 필요로 하지 않는 강제추행죄이므로 손 양의 고소가 없더라도 에스 씨와 그의 친구 두 명을 모두 성폭력범으로 처벌할 수 있다.
'특수강제추행죄'란 ① 흉기를 가지고 추행하거나, ② 2명 이상이 합동하여 추행함으로써 성립하는 범죄를 말한다.
흉기를 휴대하고 추행하는 경우에는 사람을 해칠 위험성이 특히 높고, 2명 이상이 합동하여 추행을 하는 경우에는 피해자의 정신적·육체적 피해도 그만큼 커지므로 특히 엄하게 처벌하기 위하여 피해자의 고소 여부에 관계 없이 3년 이상의 징역에 처하도록 규정하고 있다.[3]
본 죄는 급격한 산업사회로 변화되는 과정에서 성범죄가 날로 증가하고 점차 흉포화되는 등 비인간적인 경우가 급증하므로 1990. 12. 31.자로

"특정범죄가중처벌등에관한법률"을 개정하여 종래 친고죄였던 성범죄 중에서 흉기를 휴대하거나 2명 이상이 합동하여 강간 또는 강제추행죄를 범한 경우에는 피해자의 고소가 없더라도 처벌할 수 있는 특별 규정을 두게 되었다. 이러한 범죄는 1994. 4. 1.부터 시행된 "성폭력범죄의처벌및피해자보호등에관한법률"에서도 역시 비친고죄로 규정하게 되었다.

결국, 〈사례〉에 있어서 손 양은 에스 씨를 직접 고소하지 아니하더라도, 어떠한 방법으로든 특수강제추행사실을 수사기관에 신고하기만 하면 곧 수사가 개시되어 그들을 엄중하게 처벌할 수 있다.

(4) 주거침입자의 강제추행죄

자취를 하면서 회사에 다니고 있는 직장 여성입니다. 어느 날 야간에 창문을 뜯고 들어와 TV를 훔쳐 나가려는 절도범과 마주치게 되었습니다.

당시 너무 놀란 나머지 소리도 지르지 못하고 엎드려 있었습니다. 그런데 갑자기 절도범이 제 속옷(팬티와 브래지어)을 벗겨 가지고 유유히 달아났습니다. 저는 그 사실 때문에 아직도 경찰에 신고를 못 하고 있습니다.

이러한 경우에도 그 절도범을 성폭력범으로 고소하여 처벌할 수 있나요?

위 〈사례〉는 야간에 주거에 침입한 절도범인이 강제추행한 경우로서 이러한 범죄는 절도죄와 강제추행죄가 결합되어 있으므로 피해자의 고소가 필요 없음은 물론이고, 절도범인이 부녀자를 강제추행하는 행위는 가정의 평온을 해치는 이른바 '가정파괴범'이므로 본 죄를 범한 자에 대하여는 최고 무기징역까지 극형에 처하도록 규정하고 있다.

본 죄는 1980년대 후반기에 절도범인들이 피해자로 하여금 신고를 하지 못하게 할 목적으로 피해자인 부녀자를 강간 또는 추행하는 죄가 급증하면서 커다란 사회문제로 대두되자 이러한 흉악범을 엄벌에 처하여 그 발생을 방지하고자 특별히 입법화하게 된 범죄로서 그 이후 최근에는 이러한 범죄의 발생이 다소 둔화되는 추세를 보이고 있다.

본 죄는 주거침입, 야간주거침입절도, 특수절도의 죄를 범한 자(특수절도란 흉기를 휴대하거나 2인 이상이 합동하여 절도를 하는 경우에 성립된다)가 강제추행하는 경우에 성립하는 범죄이다.[4]

종전의 성폭력처벌법은 야간주거침입절도와 특수절도의 죄를 범한 자가 강제추행하는 때에만 본 죄가 성립하도록 규정함으로써 주간에 침입한 절도범인이 강제추행을 한 경우에는 본 죄를 적용하지 못하고 일반 강제추행죄를 적용함으로써 입법적인 실수라는 비난이 있어 왔다. 그러나 1998. 1. 1.부터 시행한 개정 법률에서는 '주거침입'의 죄를 범한 자가 강제추행하는 경우에도 본 죄를 적용할 수 있게 함으로써 이러한 모순점은 입법적으로 해결되었다.

다만, 그와 같은 범행이 1998. 1. 1. 이전에 발생된 것이라면, 행위당시의 법률인 구법(舊法)이 적용될 수밖에 없을 것이다.

(5) 특수강도 강제추행죄

본 죄는 야간에 주거에 침입한 강도, 또는 흉기를 휴대하거나 2인 이상이 합동하여 강도를 하는 자가 피해자를 추행함으로써 성립하는 범죄이다.

이처럼 강도가 추행하는 것은 이미 항거불능상태에 빠져 있는 사람을 추행하는 것이므로 그 폭행·협박의 정도가 더욱 심한 것일 뿐만 아니라, 강도행위와 강제추행행위가 결합되어 있어 그 죄질자체도 당연히 가중되고, 더욱이 피해자의 수치심을 이용하여 수사기관에 신고를 하지 못하게 하려는 가증스러운 면까지 있다는 점에서 피해자의 고소 여부에 관계 없이 엄중한 처벌을 하고 있다.

이러한 추행죄는 최고 사형까지의 극형에 처하며, 그 미수범도 기수와 동일한 형으로 처벌된다.[5]

본 죄의 미수는 추행행위가 미수에 그친 때를 말하는 것이고 강도행위의 기수, 미수와는 관계가 없다. 따라서 피해자에게 강취할 금품이 없어 강도행위는 하지 못하였더라도 피해자를 추행하게 되면 본 죄가 성립하며, 추행을 하려다가 피해자가 소리를 지르며 심하게 반항해 추행을 하지 못하였다면 본 죄의 미수죄가 성립한다.

그리고 본 죄를 범한 자가 그 형을 살고 나온 후 3년 이내에 또다시 본 죄나 그 미수죄를 범한 누범인 경우에는 그 죄질이 중한 점에 비추어 그 형이 더욱 가중되어 처벌을 받게 된다.[6]

(6) 친족관계에 의한 강제추행죄

대학생인 강소녀는 평소 믿고 따르던 막내삼촌으로부터 뜻밖의 강제추행을 당한 일이 있다.
강 양은 강제추행을 당한 사실자체가 너무나 부끄러운 일일 뿐만 아니라 친척간에 발생된 일이므로 그냥 묻어두려고 하였으나, 그때부터 막내삼촌은 술만 취하게 되면 똑같은 행동을 하려고 하여 이제 강 양은 막내삼촌의 행위를 그냥 넘어가서는 안 되겠다는 생각을 하게 되었다.
처음 강제추행을 당한 것은 이미 2년 전의 일이지만 이제라도 강 양은 막내삼촌을 성폭력범으로 고소하여 처벌받게 할 수 있을까?

일반 강제추행죄는 친고죄이므로 피해자의 고소가 있어야만 범인을 처벌할 수 있고, 또 그러한 고소는 피해자가 범인을 알게 된 날로부터 1년 이내에 하여야만 범인을 처벌할 수 있다.

그러나 위 〈사례〉는 일반 강제추행죄가 아니라 '친족관계에 의한 강제추행죄'에 해당하므로 피해자의 고소를 필요로 하는 친고죄가 아니다. 따라서 피해자 강 양은 공소시효가 경과되지 않는 한 언제든지 막내삼촌을 고소하여 처벌할 수 있고, 또 고소하는 것이 번거로울 경우에는 어떠한 방법으로든 수사기관에 신고만 하더라도 막내삼촌을 성폭력범으로 처벌할 수가 있다.[7]

위 〈사례〉는 "성폭력범죄의처벌및피해자보호등에관한법률"에 규정된 '친족관계에 의한 강제추행죄'로서, 이 범죄는 가까운 친족관계에 있는 자가 그러한 친족을 강제추행하는 경우에 성립하는 범죄이다. 예를 들면, 최근 사회문제가 되었던 사건과 같이 양부가 딸을 강제로 추행한 경우가 바로 여기에 해당한다.

본 죄는 가까운 친족을 강간 또는 강제추행함으로써 사회에 커다란 문제를 야기하는 범죄가 빈발하게 되자 이러한 반인륜적인 범죄를 엄벌하기 위하여 "성폭력범죄의처벌및피해자보호등에관한법률"에서 특별히 규정하게 된 범죄이다.

따라서 이 죄를 범한 자에 대하여는 3년 이상의 징역에 처한다. 본 죄는 일반 강제추행죄와는 달리 피해자의 고소 여부에 관계 없이 처벌하는 비친고죄이다.

여기서의 '친족'이란 4촌 이내의 혈족과 2촌 이내의 인척을 의미하며, 그러한 '친족관계'는 법률상의 친족은 물론이고, 사실상 그와 같은 친족관계에 있는 경우도 포함된다.

그러므로 사촌동생이 사촌누나를 강제추행하는 경우는 물론이고, 호적상에 기재되어 있지 않은 여동생을 그 사실상의 오빠가 강제추행하는 경우 등도 모두 본 죄에 해당된다.

그러나 본 죄의 주체에 관하여 종전 법률에서는 '연장(年長)의 친족'이어야 한다는 제한규정을 둠으로써 나이가 더 어린 친족이 연상의 친족을 강제추행하는 경우는 본 죄로 처벌할 수 없었다. 앞에서 예를 든 것과 같이 사촌동생이 사촌누나를 강제추행하는 경우와 같이 패륜적인 범행을 본 죄로 처벌할 수 없는 모순된 결과가 나타나므로 '연장의 친족'이라는 제한규정을 폐지하여야 한다는 비판이 있어 왔다.

또한 본 죄가 적용되는 친족의 범위에 관하여도 종전 법률은 '4촌 이내의 혈족'에 한정함으로서 의붓아버지가 딸을 강제추행하는 경우나 사위가 장모를 강제추행하는 경우와 같이 반인륜적인 범행에 대하여는 혈족이 아니라는 이유로 본 죄를 적용하지 못하고 일반 강제추행죄로 의율할 수밖에 없었다.

이와 같은 모순된 입법적 실수를 시정하기 위하여 1998. 1. 1.부터 시행된 개정 법률에서는 '연장의 친족'이라는 제한규정을 폐지함과 동시에 친족의 범위에 '2촌 이내의 인척'도 포함시키게 되었다.

그러므로 1998. 1. 1. 이후에 발생된 범죄에 대하여는, 연장(年長)이나 연하(年下)를 불문하고 '4촌 이내의 혈족이나 2촌 이내의 인척' 관계만 있으면 모두 본 죄로 처벌이 가능하게 되었다.

여기서의 '인척'이란 '혈족의 배우자', '배우자의 혈족', '배우자의 혈족의 배우자'를 의미하는 것이므로 형수(혈족의 배우자)에 대한 강제추행, 장모나 처제(배우자의 혈족)에 대한 강제추행, 처남의 댁에 대한 강제추행도 모두 '2촌 이내의 인척' 관계로서 본 죄의 엄중한 처벌을 받게 된다.

다만, 그 범행이 개정법률 시행 이전인 1998. 1. 1. 이전에 발생된 것이라면, 행위 당시의 법률인 구법(舊法)의 적용을 받게 됨으로써 일반 강제추행죄로밖에 처벌할 수 없을 것이다. 여기서 구법(舊法)의 적용을 받는다는 것은 피해자의 고소가 반드시 필요한 친고죄가 되며 그 최고형도 신법(新法)보다는 훨씬 경미한 것이 된다는 의미이다.

(7) 신체장애인에 대한 추행죄

사례

교통사고로 인하여 휠체어에 몸을 의지하고 있는 장애인입니다.
언젠가부터 제몸이 이처럼 행동이 부자유스런 상태임을 이용하여 이웃에 살고 있는 아큐가 주위에 아무도 없을 때마다 나타나 제 가슴을 만지고 도망가는 추행을 해오고 있습니다.
그러나, 행동이 부자유스러운 저로서는 경찰서를 찾아가 이같은 사실을 고소하기도 사실상 어려운 실정입니다.
제가 고소를 하지 않고도 아큐를 성폭력범으로 처벌할 수 있는 방법은 없을까요?

위 〈사례〉는 형법상으로는 '준강제추행죄'에 해당하는 사안이다. '준강제추행죄' 란 일반 강제추행죄처럼 폭행·협박에 의하여 강제로 추행하는 것이 아니라, 피해자가 심신상실이나 항거불능상태에 있음을 이용하여 추행하는 것으로 폭행·협박 없이 추행하더라도 그 추행행위 자체만으로 강제추행죄에 준하여 처벌하는 범죄를 말한다.

따라서 위 〈사례〉와 같이 신체장애인이 그 장애로 인해 항거불능상태에 있음을 이용하여 그를 추행하는 경우에도 물론 준강제추행죄가 성립한다.

그러나 형법상의 일반 준강제추행죄는 모두 피해자의 고소를 필요로 하는 친고죄임에 비하여 신체장애인 또는 정신상의 장애인에 대한 추행죄는 피해자의 고소 여부에 관계 없이 처벌할 수 있는 비친고죄이다.

이는 신체장애인이나 정신장애인을 특히 보호하려는 취지에서 "성폭력범죄의처벌및피해자보호등에관한법률"에서 특별히 비친고죄로 규정한 것이다.

따라서 신체장애 또는 정신상의 장애로 인하여 항거할 수 없는 상태에 있음을 이용하여 추행한 경우에는, 설령 그 장애인이 고소를 하지 않거나 선처를 바란다는 의사표시를 한 경우에도 강제추행죄와 동일한 형으로 처벌할 수 있다.

그리고 이러한 신체장애인에 대한 추행을 흉기를 휴대하거나 2인 이상이 합동하여 하는 경우에는 특히 인명을 해칠 위험성이 높거나 그 행태가 비인간적이어서 피해자에 대한 정신적·육체적 타격도 그만큼 크다는 점에서 "성폭력범죄의처벌및피해자보호등에관한법률"에서는 이러한 범죄에 대하여 징역 3년 이상의 형으로 엄중한 처벌을 할 수 있도록 규정하고 있다.[8]

결국, 위 〈사례〉의 경우 피해자는 불편한 몸으로 경찰서까지 찾아가 고소를 할 필요는 없으며, 전화로 경찰에 신고만 하더라도 아큐를 성폭력범으로 엄중하게 처벌받게 할 수가 있다.

4

강제가 아닌 경우에도
강제추행죄에 준하여 처벌할 수 있는 사례

(1) 강제가 아닌 추행의 형사처벌 문제

대학교에 재학중인 학생입니다. 학교 축제 때 박허풍 군의 파트너로 쌍쌍파티에 간 적이 있습니다.
축제분위기가 한창 고조될 무렵, 박 군이 너무나 들뜬 나머지 저를 껴안고 입을 맞추려하기에 몇 번 거절하다가 상대방이 너무 무안해 하는 것 같아 그의 요구에 응해 주었습니다.
그런데 이 일이 있고 난 후부터 박 군은 이러한 사실을 자랑하고 다니면서 제가 마치 자신의 애인인 것처럼 행동하고 있어 저로서는 캠퍼스 내에서 얼굴을 들고 다니기 어려울 정도입니다.
제가 박 군을 추행범으로 고소하여 처벌받게 할 수는 없을까요?

일반적으로 당사자의 의사에 반하지 아니하는 추행행위, 즉 강제가 아닌 추행행위는 범죄가 되지 않는 것이 원칙이다.

따라서 〈사례〉의 경우도 박 군이 어떤 강제력을 사용한 것이 아니므로 형사상으로는 아무런 문제도 되지 않는다고 하겠다.[9]

'강제추행죄'는 폭행·협박으로 반항을 억압하고 강제로 피해자를 추행함으로써 성립하는 범죄이다. 그러므로 폭행·협박을 행사하여 강제로 추행하는 경우가 아니라면, 강제추행죄도 성립할 여지가 없고 일반적으로는 아무런 죄도 되지 않는다.

그러나 여기에는 몇 가지 예외가 있다.

즉 피해자의 나이나 심신상태, 또는 추행하는 자의 특수한 신분에 따라서는 아무런 폭행이나 협박을 가하지 아니하고 추행만 하더라도 피해자의 의사에 반하는 추행으로 간주되어 추행 자체로서 강제추행죄에 준하여 엄중하게 처벌하는 경우가 있다.

예를 들면, 피해자가 만취하여 정신을 잃거나 신체장애로 반항할 수 없는 상태를 이용하여 추행하는 경우, 13세도 되지 아니한 어린아이를 추행하는 경우 등이 바로 이러한 경우에 해당하는데 이에 관하여는 '준강제추행죄'와 '미성년자의제강제추행죄'의 설명을 참고하기 바란다.

결국 〈사례〉의 경우에는 강제추행죄나 준강제추행죄가 성립되지 아니하므로 피해자는 박 군을 추행범으로는 고소할 수 없고, 다만 그와 같은 사실을 공연히 떠들고 다니는 점에 대하여 '명예훼손죄'로는 고소할 수 있다.

(2) 준강제추행죄

직장 여성인 김선녀 양은 월말 회식자리에서 호기심으로 폭탄주를 마시고 인사불성이 될 정도로 만취하게 되었다.
이튿날 김 양은 직장 동료인 이상해 씨가 정신을 잃고 있는 자신의 가슴을 더듬고 키스까지 하였다는 사실을 알게 되었다.
이러한 경우에도 이상해 씨를 상대로 강제추행죄로 고소하여 처벌받게 할 수 있는가?

법률상 강제가 아닌 추행행위에 대하여는 형사처벌의 대상이 되지 않는 것이 원칙이다.

그러나 위 〈사례〉에 있어서는 이상해 씨가 김 양을 추행함에 있어서 아무런 강제력을 행사한 일이 없지만, 김 양이 만취로 인하여 정신을 잃고 있는 상태를 이용하여 추행한 것이므로 이러한 경우에는 형법상 '준강제추행죄'가 성립하게 된다.

'준강제추행죄'는 일반 강제추행죄처럼 폭행·협박을 행사하여 피해자의 반항을 억압하는 것은 아니나 피해자가 심신상실이나 항거불능상태에 있음을 이용하여 추행함으로써 성립하는 범죄이다.

여기서 '심신상실'이란 정신기능의 장애로 인하여 정상적인 판단능력이 없는 상태를 말한다. 예를 들면, 정신이상자는 물론이고 정신을 잃을 정도로 만취된 경우, 약물 중독으로 정신을 잃은 경우, 깊은 잠에 빠져버린 경우 등이 이에 해당한다.

그러나 완전한 무의식상태 내지 인사불성상태에 빠져 있는 경우만을 의미하는 것은 아니고 의식이 있더라도 정상적인 판단능력이 없는 상태라면 심신상실자로 볼 수 있다. 따라서 깊은 잠에 빠져 있는 여자를 추행하는 경우에 있어서 그 여자가 잠결에 자신의 애인인 줄 알고 아무런 반항을 하지 아니하였더라도 본 죄는 성립할 수 있는 것이다.

그리고 '항거불능의 상태'란 심신상실 이외의 사유로 반항이 불가능한 상태를 말하는데, 그 반항이 불가능한 상태가 육체적인 이유든 심리적인 이유이든 문제되지 않는다. 예컨대, 의사가 치료를 가장하여 환자의 음부를 만지는 등 추행하는 경우는 심리적으로 반항이 불가능한 상태라 할 수 있고, 팔과 다리가 없는 신체장애인이나 기진맥진하여 항거할 힘이 없는 피해자를 추행하는 경우는 육체적으로 반항이 불가능한 상태라 할 수 있다.

이러한 준강제추행죄는 일반 강제추행죄와 동일한 형으로 처벌되며, 기수에 이르지 아니한 미수범의 경우에도 기수범과 동일한 형사처벌을 받을 수 있다.[10]

따라서 아직 추행행위의 단계에까지는 이르지 못하였을지라도 심신상실이나 항거불능상태를 이용하여 추행하려고 하는 행동이 외부로 표출되었을 때에는 그 미수죄의 죄책을 면할 수 없게 된다.

그리고 본 죄는 피해자의 고소가 있어야 처벌할 수 있는 친고죄이다. 다만, 신체장애 또는 정신상의 장애로 인하여 항거불능상태에 있는 장애인을 추행한 경우에는 "성폭력범죄의처벌및피해자보호등에관한법률"에 의하여 피해자의 고소 여부에 관계 없이 처벌할 수 있는 비친고죄로 규정하고 있음을 유의하여야 한다. (단, 정신상의 장애인에 대한 추행은 그것이 1998. 1. 1. 이후 범행인 경우에만 비친고죄가 된다).

이러한 준강제추행으로 인하여 피해자가 상해를 입거나 사망한 경우에는 준강제추행치상죄 또는 준강제추행치사죄가 성립되므로 이 경우에는 어느 경우나 피해자의 고소 여부에 관계 없이 가중처벌된다.

(3) 미성년자 등에 대한 추행죄

중학교 3학년에 다니고 있는 딸을 둔 학부모입니다. 그런데 엄청난 일이 생겼습니다. 학교에서 밤늦게까지 담임선생님의 일을 도와주던 제 딸이 뜻밖에도 담임선생님으로부터 추행을 당한 것입니다.
당시 제 딸은 어린 나이에 처음 당하는 일이고, 또 선생님의 행동이라 제대로 반항도 해보지 못하였다고 합니다.
어떻게 선생님이 학생에게 그런 짓을 할 수 있습니까? 이러한 경우에 학부모인 제가 담임선생님을 강제추행죄로 고소하여 처벌받게 할 수 있을까요?

〈사례〉에 있어서 담임선생이 제자를 추행함에 있어서 폭행이나 협박 등 어떠한 강제력도 행사한 일이 없으므로 일반 강제추행죄는 성립되지 않을 것이다. 다만, 위와 같은 담임선생의 행위는 피해자가 나이 어린 미성년자로서 자신의 제자인 점을 이용하여 추행한 것이므로 이러한 경우에는 형법 제302조의 '미성년자추행죄'에 해당된다.

따라서 피해 학생의 부모는 담임선생을 성폭력범으로 고소하여 미성년자추행죄로 처벌받게 할 수 있다.

이처럼 미성년자 또는 심신미약자를 위계 또는 위력으로 추행하는 범죄에 대하여 형법 제302조는 5년 이하의 징역에 처하도록 규정하고 있다.

미성년자와 심신미약자는 성행위에 대하여 판단능력이 부족한 점을 고려하여 법률이 이들을 특히 보호하려는 취지에서 폭행·협박으로 반항을 억압하고 강제로 추행하는 경우가 아니더라도 이들을 추행함에 있어 위계나 위력만 있어도 형사처벌을 하고 있는 것이다.

따라서 만일 이들을 추행함에 있어 폭행·협박을 행사하여 반항을 억압하였다면 본 죄보다 중한 강제추행죄가 성립하게 된다.

본 죄에 있어 '미성년자'라 함은 만 20세가 되지 않은 사람을 말하며, 결혼한 미성년자도 본 죄의 피해자인 미성년자가 될 수 있다. 다만, 만 13세가 되지 않은 미성년자를 추행한 경우에는 본 죄보다 더욱 중한 '미성년자 의제강제추행죄'로 처벌되므로 결국 본 죄의 미성년자는 만 13세 이상 만 20세 미만의 미성년자를 의미한다고 하겠다.

그리고 여기서의 '위계'란 상대방을 착오에 빠지게 하여 정상적인 판단을 그르치게 하는 것으로 기망이나 유혹의 방법을 쓰거나 미성년자의 성적 무지를 이용하는 것도 포함하는 개념이다. 또 '위력'이란 사람의 의사를 제압할 수 있는 행동을 하는 것으로 폭행·협박은 물론이고, 그 밖에 자신의 지위나 권세를 이용하여 미성년자나 심신미약자의 의사를 제압하는 경우도 이에 해당한다.

이때 폭행·협박의 정도가 강제추행죄의 요건에 해당할 정도이면, 본 죄보다 더욱 중한 강제추행죄가 성립할 것이다. 따라서 본 죄에 있어서 폭행·협박은 경미한 정도로도 충분하다고 할 수 있다.

그리고 본 죄는 강제추행죄와는 달리 그 미수범은 처벌하지 않고 있으며, 일반 성범죄와 마찬가지로 피해자의 고소가 있어야 처벌이 가능한 친고죄라는 점을 유의할 필요가 있다.

(4) 미성년자 의제강제추행죄

제 딸은 초등학교 4학년으로 이제 만 10세에 불과한 어린아이입니다. 저는 제 딸에게 바이올린을 과외시키고 있습니다. 그런데 제 딸에게 바이올린 개인교습을 하고 있는 손선생이 손가락을 음부에 집어넣는 등 몹쓸 짓을 하였다는 사실을 뒤늦게 알게 되었습니다.
추행 당시 제 딸은 아무것도 모르는 철부지인 탓으로 선생님의 행동에 대하여 아무런 저항도 해보지 못한 모양입니다. 이러한 경우에도 손선생을 성폭력범으로 고소하여 처벌받게 할 수 있나요?

〈사례〉에 있어 손선생이 어린아이를 추행함에 있어 아무런 강제력을 행사하지 않았다 해도 형법 제305조에 의하여 일반 강제추행죄와 동일하게 처벌할 수 있다. 이를 '미성년자 의제강제추행죄'라고 한다.

13세가 되지 않은 사람은 모든 판단능력이 아직 미숙한 상태이므로 추행과 같은 행위에 대한 승낙능력도 없다고 보아 설령 본인의 동의가 있었다고 할지라도 무조건 강제추행한 것으로 의제하는 것이다.[11]

따라서 본 죄를 범한 자에 대해서는 그 형도 일반 강제추행죄와 동일한 형으로 처한다고 규정하고 있다.

그리고 13세 미만인 자를 폭행·협박으로 강제추행하거나 준강제추행 또는 위계·위력으로 추행한 경우에는 성폭력처벌법 제8조의 2 제2항에 의하여 1년 이상의 징역 또는 5백만~2천만원의 벌금형으로 가중처벌된다.
　본 죄도 고소를 요건으로 하는 친고죄이나 성폭력처벌법 제8조의 2에 해당하는 경우와 본 죄를 범하여 상해가 발생되었을 경우에는 피해자나 그 친권자가 고소를 하지 않더라도 처벌할 수 있게 된다.

(5) 업무상위력 등에 의한 추행죄

　강조교는 모 대학의 조교로 근무하면서 박사학위를 취득한 후 전임강사가 되기 위하여 열심히 공부하고 있는 27세의 미혼여성이다.
　어느 날 강씨의 박사학위 논문을 심사하는 지도교수인 박교수가 논문 통과와 전임강사가 되는 것을 도와주겠다고 하면서 강조교의 가슴을 껴안고 머리를 쓰다듬는 등 성적희롱을 하였지만 강씨는 박 교수의 행동에 제대로 반항도 해보지 못하고 추행을 당했다.
　이러한 경우 강조교가 박교수를 성폭력범으로 고소하여 처벌받게 할 수는 없을까?

　〈사례〉는 "성폭력범죄의처벌및피해자보호등에관한법률" 제11조에 규정된 '업무상위력 등에 의한 추행죄'에 해당하는 성폭력범죄가 된다.
　'업무상위력 등에 의한 추행죄'란 업무, 고용, 기타 관계로 인하여 자기의 보호 또는 감독을 받는 사람을 위계나 위력으로 추행함으로써 성립하는 범죄이다.

원래 이러한 죄는 우리 형법에는 규정되어 있지 않았던 것으로, 종전에는 형사처벌의 대상이 아니었으나 1994년 4월 1일부터 시행된 "성폭력범죄의처벌및피해자보호등에관한법률"에서 이를 처음 규정함으로서 비로소 형사처벌의 대상이 된 범죄이다.

따라서 본 죄는 그 법이 시행된 1994년 4월 1일 이후의 범죄행위에 대해서만 처벌이 가능하고, 그 이전의 행위에 대해서는 처벌할 수 없는 범죄인 것이다.

동 법률에서는 이러한 죄에 대하여 2년 이하의 징역이나 5백만원 이하의 벌금형에 처한다고 규정하고 있다.[12]

본 죄는 업무관계나 고용관계 등으로 다른 사람의 보호·감독을 받는 사람은 이들을 보호·감독하는 위치에 있는 사람들로부터 성적 자유를 부당하게 침해받을 우려가 있으므로 이처럼 약한 위치에 처해 있는 사람들을 특별히 보호하려는 취지에서 폭행이나 협박에 의한 강제추행이 아닌 경우에도 위계 또는 위력만 있으면 처벌할 수 있도록 특별규정을 두게 된 것이다.

본 죄의 '업무관계'에는 공적 업무와 사적 업무가 모두 포함되며, 고용관계란 사용자와 피용자의 관계를 뜻한다. 그 밖에 보호·감독을 받는 관계라는 것은 사실상 보호·감독을 받는 상황에 있는 경우도 포함하는 개념이다. 예컨대, 아내가 운영하는 식당의 종업원을 그 남편이 위계나 위력으로 추행한 경우에도 본 죄가 성립하며, 여사장이 사장의 지위를 이용하여 남자 직원을 추행한 경우에도 본 죄는 성립한다.

여기서 말하는 '위계'란 기망이나 유혹의 방법을 사용하거나 상대방의 무지를 이용하여 착오에 빠지게 함으로써 정상적인 판단을 할 수 없게 만드는 것을 의미하며, '위력'이란 상대방의 의사를 제압하는 힘을 뜻하는 것으로, 폭행·협박이 아닌 자신의 지위나 권한을 이용하여 상대방의 의사를 제압하는 경우도 포함하는 개념이다.

예컨대, 사장이 여종업원에게 말을 듣지 않으면 해고시킬 것처럼 태도를 취하거나 인사상의 불이익을 가할 듯한 태도를 보여 상대방의 의사를 제압하고 추행하는 경우가 이에 해당할 것이다.

다만, 이 경우에 있어서 그 보호·감독을 받는 사람이 미성년자라면 본 죄보다 더욱 중한 '미성년자추행죄'로 처벌받게 될 것이며, 만일 폭행·협박까지 하였다면 역시 형이 더 중한 형법상의 강제추행죄로 처벌받게 될 것이다.

또한 본 죄는 피해자의 고소를 필요로 하는 친고죄인 점은 일반 성범죄의 경우와 마찬가지이지만 본 죄는 성폭력범죄이므로 그 고소기간은 일반 친고죄(고소기간 6개월)의 두 배인 1년으로 규정되어 있다.

5
공중밀집장소에서의 추행죄

직장에 다니고 있는 여성입니다. 어느 날 출근길에 혼잡한 지하철 안에서 황치한으로부터 추행을 당했습니다.
당시 황치한은 제 바로 뒤에 서서 몸을 밀착시키고 거친 숨소리를 내는가 하면 일부러 중심을 잃고 넘어지는 척하면서 허리를 잡는 등 불쾌한 행동을 하였습니다.
이런 불쾌한 일을 많은 여성들이 당했을 것이라고 생각합니다. 저 뿐만 아니라 이런 일을 당한 여성들이 치한을 성폭력범으로 고소하여 처벌받게 할 수 있는 방법이 없을까요?

〈사례〉는 "성폭력범죄의처벌및피해자보호등에관한법률" 제13조에 규정된 '공중밀집장소에서의 추행죄'에 해당하는 성폭력범죄가 된다.

'공중밀집장소에서의 추행죄'란 대중교통수단, 공연장소, 집회장소 등 공중이 밀집하는 장소에서 사람을 추행함으로써 성립하는 범죄이다.

본 죄는 "성폭력범죄의처벌및피해자보호등에관한법률"에서 신설된 범죄로서 2년 이하의 징역이나 5백만원 이하의 벌금형에 처하도록 규정하고 있다.

여기서 말하는 '추행'이란 형법상의 강제추행죄에서 말하는 추행보다는 넓은 개념으로서 남자는 물론이고 여자도 본 죄의 주체가 될 수 있고, 동성간에서도 성립할 수 있다는 점에서는 강제추행죄와 같다. 그러나 강제추행죄처럼 폭행이나 협박 등 강제력에 의할 필요는 없으므로 종래 즉결대상이던 행위까지도 형사처벌이 가능하게 되었다.

본 죄는 최근 지하철 등 혼잡한 대중교통수단 안에서 특히 여성들에 대한 치한들의 추행행위가 사회문제로 대두되면서 이러한 범죄를 처벌하기 위한 필요에서 특별히 신설하게 된 범죄이다.

따라서 본 죄에서의 '추행'이란, 일반인에게 성적인 수치심이나 혐오의 감정을 일으키게 하는 일체의 음란행위를 말하는 것으로 여자의 유방이나 음부를 만지는 행위는 물론이고 남자의 성기를 만지거나 타인의 몸속으로 손을 집어넣거나 성기를 남의 몸에 대고 비비는 행위 등 성적인 수치나 혐오의 감정을 일으키게 하는 일체의 행위가 포함되는 개념이다.

그리고 이러한 추행죄가 성립함에 있어서는 폭행·협박 등에 의하여 피해자의 반항을 억압할 필요까지는 없으나, 적어도 피해자의 의사에는 반하는 행위여야 한다. 만일 일반인에게 성적수치심을 일으키는 음란행위가 당사자의 승낙하에 이루어졌다면, 이 경우는 공중밀집장소에서의 추행죄가 아니라 형법상의 공연음란죄가 문제될 수 있을 뿐이다.

본 죄는 일반적인 성범죄와 마찬가지로 피해자의 고소가 있어야만 처벌할 수 있는 친고죄이다. 따라서 본 죄로 처벌하기 위해서는 비록 수치스럽더라도 피해자가 수사기관에 고소하는 용기가 필요하다.

통신매체이용음란죄

바우 씨는 최근에 자신의 딸인 순영이가 컴퓨터통신에 나오는 음란물을 보고서 공부도 하지 않고 건강까지 해치고 있는 사실을 알게 되었습니다.

바우 씨의 딸은 컴퓨터통신을 하던 중, 우연한 기회에 남녀가 벌거벗은 채 성행위를 하는 장면을 보고서 큰 충격을 받은 것 같습니다.

바우 씨는 컴퓨터통신에 이러한 음란물을 게재하는 행위는 청소년의 성범죄를 자극하는 사회악이라고 생각되어 자녀를 키우고 있는 부모로서 이를 그냥 놔둘 수 없어 고소하고자 합니다. 이처럼 통신매체에 음란물을 게재하는 것도 성폭력범으로 처벌할 수 있습니까?

위 〈사례〉는 컴퓨터통신을 이용하여 피해자의 성적수치심을 자극하거나 혐오감을 일으키게 하는 행위로서 "성폭력범죄의처벌및피해자보호등에관한법률" 제14조에 규정된 '통신매체이용음란죄'에 해당하는 범죄행위이다.

'통신매체이용음란죄'란 자기 또는 다른 사람의 성적 욕망을 유발하거나 만족시킬 목적으로 전화, 우편, 컴퓨터, 기타 통신매체를 통하여 피해자의 성적수치심을 자극하거나 혐오감을 일으키게 하는 범죄를 말한다.

즉 각종 통신수단을 이용하여 성적수치심이나 혐오감을 일으키는 말이나 소리, 글, 그림, 영상 또는 물건을 상대방에게 도달하게 하는 죄로서 이러한 죄를 범한 자는 1년 이하의 징역이나 3백만원 이하의 벌금형에 처하도록 규정되어 있다.

따라서 전화로 성행위를 하는 듯한 신음소리를 내는 경우, 상대방의 의사에 반하여 음란한 언사로 농하는 경우, 음란한 녹음 테이프를 들려주는 경우, 컴퓨터나 FAX로 나체사진 등 음란한 화면을 보내는 경우, 우편으로 음란한 물건이나 사진을 보내는 경우 등도 모두 본 죄에 해당한다.

본 죄는 통신매체의 발달과 함께 새로이 등장한 신종 성범죄로서 최근 치한이나 불량한 청소년층에서 급격한 증가추세를 보이게 되자 이를 단속, 처벌하기 위하여 "성폭력범죄의처벌및피해자보호등에관한법률"에서 신설하기에 이른 범죄이다.

본 죄도 역시 일반 성범죄와 마찬가지로 피해자의 고소가 있어야만 처벌할 수 있는 친고죄이므로 〈사례〉의 경우에도 순영 양이나 순영 양의 부모인 바우 씨가 고소하여야만 처벌할 수 있다.

그러나 본 죄는 특정 피해자를 상대로 하지 아니하고 컴퓨터를 사용하는 불특정 다수를 상대로 자행되는 경우도 있으므로 범죄의 구성요건을 세분하여 공익적 필요성이 있는 행위에 대하여는 이를 비친고죄로 개정하여야 마땅할 것이다.

카메라 등 이용 촬영죄

저는 최근 단골로 다니고 있는 대중사우나탕에서 도난방지를 이유로 여자탈의실에 몰래카메라를 설치하고 여자들이 옷을 벗는 장면을 녹화하여온 사실을 알게 되었습니다.
제가 주인에게 항의하자 목욕탕 주인은 도난방지를 위하여 카메라를 설치하였다고 하지만 저로서는 불쾌한 감정을 억누를 길이 없습니다. 혹시 목욕탕 주인을 성폭력범으로 처벌받게 할 수는 없는가요?

위 〈사례〉는 최근 대중이 이용하고 있는 여관, 목욕탕, 화장실 등에 비밀촬영장치를 설치하고 그 녹화물을 판매함으로써 커다란 사회문제로까지 대두되고 있는 신종 성범죄이다.

이처럼 우리 사회에서는 각종 기계장치의 발달로 현행 실정법으로서는 규제할 수 없는 새로운 성범죄가 날로 증가하고 있는 바, 성폭력처벌법은 1998. 12. 28. 법률을 개정하면서 '카메라 등 이용 촬영죄'라는 신종 범죄를 신설하기에 이르렀다.

'카메라 등 이용 촬영죄'란 ① 카메라, 기타 이와 유사한 기능을 갖춘 기계장치를 이용하여, ② 성적(性的) 욕망 또는 수치심을 유발할 수 있는 타인의 신체를, ③ 그 의사에 반하여 촬영하는 경우에 성립하는 범죄로서 그러한 죄를 범한 자에 대하여는 5년 이하의 징역 또는 1천만원 이하의 벌금에 처하고 있다.

따라서 〈사례〉의 경우에도 피해자가 목욕탕 주인을 위와 같은 성폭력범으로 고소하여 처벌받게 할 수 있다.

---

1) 형법 제298조.
2) 대법원 판결 83도399, 91도3182, 94도630 사건.
3) 성폭력범죄의처벌및피해자보호등에관한법률 제6조 제2항.
4) 성폭력범죄의처벌및피해자보호등에관한법률 제5조 제1항.
5) 성폭력범죄의처벌및피해자보호등에관한법률 제5조 제2항.
6) 특정범죄가중처벌등에관한법률 제5조의 5.
7) 친족관계에 의한 강제추행죄의 공소시효는 7년이다.
8) 성폭력범죄의처벌및피해자보호등에관한법률 제6조 제 4항.
9) 다만, 〈사례〉와 같은 사실을 적시하여 피해자의 명예를 훼손한 점에 대하여 명예훼손죄로는 고소할 수 있다.
10) 형법 제299조, 제298조.
11) 대법원 판결 70도291 사건.
12) 다만, 법률에 의하여 구금된 사람을 감호하는 자가 그 사람을 추행한 때에는 3년 이하의 징역 또는 1천5백만원 이하의 벌금으로 가중처벌된다(성폭력범죄의처벌및피해자보호에관한법률 제11조 제2항).

[제 5 장]
기타 성폭력범죄

1. 음행 매개죄의 성립요건
2. 공연음란죄의 요건
3. 추행·간음 등을 위한 약취·유인죄의 요건
4. 부녀매매죄의 성립요건
5. 결혼목적 약취·유인죄의 요건

음행 매개죄의 성립요건

18세의 재수생입니다. 바캉스비용을 마련하기 위하여 친구들과 함께 카페에서 아르바이트를 했습니다. 그러던 중, 카페 왕마담의 유혹에 빠져 그녀가 소개하는 손님으로부터 돈을 받고 성행위를 했습니다.
그런데 알고보니 마담은 저뿐만 아니라 제 친구들까지도 똑같은 방법으로 유혹하여 성행위를 하게 하고 손님들로부터 소개료조로 돈을 받아온 직업적인 뚜쟁이었습니다.
이러한 경우 카페 마담을 성폭력범으로 처벌할 수 있는 길은 없을까요?

〈사례〉의 경우, 왕마담의 행위는 성폭력범죄 중 '음행매개죄'에 해당한다.

음행매개죄란, 영리를 목적으로 미성년 또는 음행의 상습 없는 부녀를 매개하여 간음하게 함으로서 성립하는 범죄이다.

이러한 경우 우리 형법은 제242조에서 간음하게 한 자를 3년 이하의 징역 또는 1천5백만원 이하의 벌금에 처하도록 하고 있다.

'영리를 목적' 으로 한다 함은 재산적인 이득을 취할 목적을 의미하며,

그 이익은 영구적일 필요는 없으며 일시적이어도 되고 그 이익이 현실로 발생할 것을 요하지도 않으며 그 영리의 목적이 달성될 필요도 없다.

또한 여기서 '미성년의 부녀'란 만 20세 미만의 부녀를 뜻하며, 미성년자인 여자를 매개하여 간음하게 한 경우에는 그 미성년자가 음행의 상습이 있거나 음행에 자진하여 동의하였다 하여도 본 죄의 성립에는 아무런 영향이 없다.[1]

그리고 미성년자 중 18세 미만의 아동에게 음행을 시키거나 음행을 매개한 경우에는 본 죄보다 더욱 중한 아동복지법위반으로 처벌받게 된다.[2]

'음행의 상습 없는 부녀'란 이른바 매춘부, 창녀와 같이 특정되지 아니한 남자와 성행위를 하는 부녀 이외의 자를 뜻한다. 그러나 과거에 매춘 경험이 있다하여도 현재 그 생활을 청산하였다면 음행의 상습이 없는 부녀에 해당하는 것이고 소위 첩이라 할지라도 특정한 남자와 성생활을 하는 자라면 이 또한 음행의 상습 없는 부녀에 해당하는 것이다.

그리고 '매개'한다 함은 부녀가 간음에 이르도록 알선하는 것으로 부녀에게 간음의 의사가 있었는지는 본 죄의 성립에 아무런 영향을 미치지 않는다.

따라서 간음을 매개하였으나 부녀가 이에 응하지 아니하거나 응하였어도 간음행위까지는 하지 아니한 경우에 있어서는 본 죄는 미수범의 처벌규정이 없으므로 음행매개죄는 성립하지 않고, 다만 윤락행위등방지법위반 여부가 문제될 수 있을 것이다.

여기서 '간음'이란 부부 사이가 아닌 사람들의 성교행위를 말한다.

그리고 본 죄가 성립하기 위해서는 반드시 성행위가 있을 것을 필요로 한다. 따라서 성교에 이르지 아니한 추행에 그친 경우에는 본 죄도 성립하지 않는다.

2. 공연음란죄의 요건

 아파트 경비원으로 일하고 있는 사람입니다. 지난 여름 밤에 순찰을 돌던 중, 젊은 남녀가 어린이 놀이터에서 성행위를 하고 있는 망측한 장면을 목격하게 되었습니다. 어린이 놀이터는 아파트 한가운데에 위치하고 있어 주민들의 왕래가 빈번한 곳이므로, 호각을 불면서 그들을 내쫓으려 하자 그들은 오히려 무슨 참견이냐고 하면서 저에게 대드는 것이었습니다.
이러한 경우, 아무리 자유주의 국가라고 하더라도 이처럼 성도덕을 문란케 하는 행위를 엄벌할 수 있는 길은 없습니까?

〈사례〉는 형법상 '공연음란죄'에 해당하는 성폭력범죄행위이다. '공연음란죄' 란 공연(公然)히 음란한 행위를 함으로써 성립하는 범죄로서 우리 형법은 제245조에서 1년 이하의 징역 또는 5백만원 이하의 벌금, 구류, 과료에 처하도록 규정하고 있다.
'공연히' 란 불특정 또는 다수인이 알 수 있는 상태를 의미한다. 그러나 불특정 다수인이 알 수 있을 가능성만 있으면 충분한 것이지 불특정 또는 다수인이 음란행위가 행하여지는 장소에 있어야 하는 것은 아니다.

예컨대, 음란행위의 장소가 집안일지라도 쉽사리 이웃사람의 눈에 띄도록 개방되어 있다면 공연성이 있다고 할 수 있고, 반대로 밀실과 같은 장소라 할지라도 특정다수인에게만 보이는 경우라면 공연성은 없는 것이다. 여기서 '불특정'이란 음란행위시에 이를 알 수 있는 공중이 구체적으로 특정되어 있지 않다는 의미가 아니라 공중이 특수한 관계로 한정된 범위에 속하는 사람이 아니라는 것을 뜻한다.

'다수인'이란 단순히 복수가 아니라 상당한 다수인임을 요하는 것이다. 결국 불특정 또는 다수인이라 함은 불특정인 경우에는 수의 많고 적음을 묻지 아니하며 다수인인 경우에는 그 다수인이 특정되어 있더라도 관계가 없다.

따라서 〈사례〉에 있어서 공연성(公然性)은 충분히 인정된다고 하겠다.

'음란행위'란 사람의 성욕을 자극하거나 흥분시켜 성적인 수치심 내지 성도덕을 침해하는 일체의 행위를 뜻하는 것이다. 무엇이 음란행위인가 하는 것은 시대와 문화 및 사회 현상에 따라 다르게 평가될 매우 난해한 문제이다. 따라서 음란성 여부를 일률적으로 단정키는 어려우나 현재 우리의 사회문화에 비추어 볼 때 목욕을 한다거나 소변을 보는 행위, 키스를 하거나 유방, 배꼽 등을 노출하는 행위, 누드모델이 되는 행위, 단순한 음담패설을 하는 행위 정도는 음란행위라고 보기는 어렵다. 그러나 성기를 노출하는 행위, 부부간의 성행위를 공연히 행하는 경우는 분명한 음란행위에 해당한다고 할 수 있다.

결국, 어느 정도의 것이 본 죄의 음란행위에 해당하는 것이냐 하는 문제는 구체적인 사례마다 사회통념에 따라 판단되어야 할 어려운 문제라 할 수 있지만, 적어도 〈사례〉가 공연음란죄에 해당한다는 것은 이론의 여지가 없다고 하겠다.

3

추행·간음 등을 위한 약취·유인죄의 요건

다방 종업원인 박 양은 무절제한 생활로 다방주인에게 수백만원의 빚을 지고 있었다. 그러자 다방주인은 시골다방에서 선불로 박 양의 채무를 변제하여 주겠다고 하는데 시골에 가서 한 1년간만 고생해보지 않겠느냐고 권유했다. 박 양은 그 말을 믿고 시골 다방으로 자리를 옮겼다. 그러나 나중에 알고보니 그곳은 다방이 아니라 매춘을 하는 윤락업소였고 박 양은 선불조로 1천만원에 팔려온 것이었다.
이 사실을 알게 된 박 양이 위와 같은 악덕업주를 고소하려고 한다. 어떻게 처벌받게 할 수 있는 방법은 없는가?

〈사례〉는 추행·간음 등의 목적으로 사람을 약취 또는 유인함으로써 성립하는 '추행·간음 등을 위한 약취·유인죄'에 해당한다. 이와 같은 경우 우리 형법은 제288조 제1항에서 1년 이상의 유기징역에 처하고 있다.

본 죄의 대상은 성년자 또는 미성년자이든, 남자 또는 여자이든 불문하며, 본 죄는 이른바 목적범으로서 행위자에게 추행이나 간음의 목적이 있을 것이 필요하다.

'추행'이란 객관적으로 일반인에게 성적인 수치심이나 혐오감을 일으키게 하는 일체의 행위를 의미하며, '간음'이란 부부 사이가 아닌 사람들의 성교를 뜻한다.

'약취'란 폭행 또는 협박을 수단으로 하여 사람을 자유로운 생활관계 또는 보호관계로부터 자기 또는 제3자의 실력적 지배하에 두는 것을 의미하며, 이때 반드시 그러한 지배관계로 옮기는 것까지는 요하지 않으며 그러한 실력적 지배하에 둘 수 있을 정도이면 충족한 것이다. 따라서 어린아이를 보호자 모르게 데려가거나 잠자는 아이를 안고 가는 것도 폭행에 의한 약취에 해당하는 것이다.

'유인'이란 감언이설로 속이거나 유혹하여 사람을 자유로운 생활관계 또는 보호관계로부터 자기 또는 제3자의 사실적인 지배하로 옮기는 것을 의미한다. 유인의 대상이 되는 사람은 최소한 의사표시를 할 능력은 있어야 하므로 유아와 같이 의사능력이 전혀 없는 사람에 대하여는 약취는 가능하지만 유인은 불가능하다. '약취'와 '유인'을 합쳐서 통상 '인취(引取)'라고도 부르고 있다.

약취 또는 유인이라고 하기 위해서는 폭행, 협박, 기망, 유혹을 한 것만으로는 부족하고 이에 의하여 피인취자를 자기 또는 제3자의 사실적 지배하에 두어야 하는데 이 사실적 지배는 본래의 생활환경이나 보호상태에서 이탈 또는 배제시켜서 물리적 지배하에 두는 것으로 충분하며 인취당한 자를 장소적으로 이전시켜야 하는 것은 아니다.

또한 본 죄 중 추행·간음의 목적으로 약취·유인한 죄의 경우는 이른바 친고죄로서 피해자의 고소가 있어야 범죄로서 처벌을 할 수가 있는데, 이는 성폭행 등을 당한 피해자의 명예 등을 보호하기 위한 법의 배려라 할 수 있다.

부녀매매죄의 성립요건

본 죄는 매음을 목적으로 부녀를 매매한 경우에 성립하는 것으로 이와 같은 경우 우리 형법은 제288조 제2항에서 1년 이상의 유기징역에 처하고 있다.

본 죄는 이른바 필요적 공범으로서 매도인은 물론 매수인도 본 죄에 의하여 처벌을 받는다.

또한 본 죄는 목적범으로서 행위자에게 추업에 사용할 목적이 있어야 하는데 '추업'이란 창기, 작부, 매음 등의 업무를 뜻한다.

매매란 민법상의 매매에 한정하지 않고 교환도 포함하며 대금의 지급 여부는 본 죄의 성립에 아무런 영향을 미치지 않는다.

오늘날과 같은 문명사회에서 이러한 부녀매매죄는 창녀촌 등 특수한 지역을 제외하고는 성립되는 경우가 거의 없다고도 볼 수 있다.

5

결혼목적 약취 · 유인죄의 요건

중국 흑룡강 성에 살고 있는 조선족 김여인은 중국 현지에서 장사를 하고 있는 현길동으로부터 한국 내 취업을 권유받았고 침식을 제공한다는 근로조건이 마음에 들어 한국으로 오게 되었다.
그러나 한국에 와 보니 취업을 시켜준다는 현길동의 말은 모두 거짓말이었고, 사실은 노총각인 자신의 결혼을 목적으로 김여인을 유인한 것을 알게 되었다.
김여인과 같은 입장에 있는 사람이 현길동을 형사처벌할 방법은 없는가?

위 〈사례〉는 결혼할 목적으로 사람을 약취 · 유인함으로서 성립하는 '결혼목적 약취 · 유인죄'에 해당하며 우리 형법은 제291조에서 5년 이하의 징역에 처하도록 규정하고 있다.
본 죄의 대상인 사람은 기혼, 미혼, 성년, 미성년, 남녀를 불문하며 미성년자라 할지라도 결혼할 목적으로 약취 · 유인하였으면 본 죄가 성립할 뿐입니다.
본 죄는 목적범으로서 결혼할 목적이 있어야 한다. 여기서의 결혼이란 법률혼뿐만 아니라 사실혼도 포함하며, 약취당한 부녀와 결혼할 목적이 있어야 하지만 반드시 행위자 자신과 결혼할 목적이어야 하는 것은 아니고 제3자와 결혼시킬 목적이어도 상관없지만 진실로 혼인관계를 맺을 목적이어야 한다. 예컨대, 지참금만 취득할 목적으로 약취·유인한 후에 그 목적을 달성하기 위한 수단으로 결혼한 경우에는 본 죄에는 해당하지 않고 영리목적 약취·유인죄가 문제될 수 있다.

본 죄는 친고죄로서 피해자의 고소가 있어야만 처벌할 수 있다.

본 죄도 오늘날과 같은 문명사회에서는 거의 사라진 범죄유형이나, 최근 남녀의 성비 균형이 깨지면서 또다시 문제되기 시작하고 있고, 특히 중국의 조선족을 유인하는 범죄가 발생함으로써 국제적으로 새로운 유형의 성폭력범죄로 등장하고 있는 특이한 범죄라 할 수 있다.

---

1) 대법원 판결 4288형상37 사건.
2) 아동복지법 제34조 제1호, 제18조 제5호..

[제 6 장]
간통죄

1. '간통'이란 어떤 죄인가
2. 간통죄와 피해자의 고소
3. 간통죄로 고소할 수 없는 사례
4. 간통죄의 입증에 필요한 증거의 정도
5. 간통죄의 성립 여부가 문제되는 사례

'간통'이란 어떤 죄인가

(1) '간통'의 의미

간통이란, 배우자가 있는 자가 배우자가 아닌 자와 성교관계를 갖는 것을 말하며, 형법상 '간통죄'란 배우자가 있는 자의 간통행위는 물론 그와 상간하는 경우, 즉 배우자가 있는 자의 상대방이 되어 그와 성교행위를 하는 것을 포함하는 개념이다.

결국 '간통죄'란 결혼한 유부남이나 유부녀가 자신의 부인이나 남편이 아닌 다른 이성과 성교행위를 하거나, 그러한 유부남 또는 유부녀의 상대방이 되어 그와 성교행위를 하는 경우에 성립하는 범죄라 할 수 있다.

우리 형법은 제241조 제1항에서 이와 같은 간통죄는 2년 이하의 징역에 처한다고 규정하고 있다.

(2) '배우자'

간통죄에 있어서 '배우자'란 법률상의 배우자, 즉 혼인신고를 필한 배우자만을 뜻한다. 따라서 아무리 오랫동안 부부생활을 하고 있는 경우라 해도 혼인신고를 하지 않았다면 간통죄의 주체가 될 수 없으며, 반대로 혼인신고를 하였다면 비록 동거생활을 하지 않고 있다고 하더라도 간통죄가 성립하는 데 아무 문제가 없다.[1]

(3) '성교행위'

간통죄가 성립하기 위해서는 반드시 성교행위가 있어야 하며, 성교행위 이외의 행위는 간통죄의 대상이 되지 않는다. 따라서 유부남이나 유부녀가 외간 남자 또는 여자와 성교행위 이외의 행위, 즉 키스, 포옹 등의 어떠한 부정행위를 하더라도 간통죄는 성립되지 않는다. 또한 동성간에는 신체구조상 성교행위가 불가능한 것이므로 동성간의 연애에는 간통죄도 성립될 여지가 없는 것이다.

그리고 여기서의 '성교행위'란 남자의 성기가 여자의 성기에 삽입되는 것을 뜻하며, 법률상 간통죄의 미수범은 처벌되지 않으므로, 설령 유부남이나 유부녀가 외간 남자 또는 여자와 동침을 하였다고 하더라도, 만일 남자의 성기를 여자의 성기에 삽입하지 아니하였다면 이론상 간통죄는 성립하지 않으며 남자의 성기를 삽입하더라도 여자의 성기가 아닌 입이나 항문 등에 삽입하는 경우에는 간통이 되지 않는다.

다만, 우리 사회의 경험칙상 유부남 또는 유부녀가 배우자가 아닌 다른 이성과 동침을 하였다면 특별한 사정이 없는 한 일응 성교행위가 있었던 것으로 인정될 수밖에 없을 것이나 그것은 성교행위가 있었다고 볼 것인가 하는 증거 및 판단상의 문제일 뿐 실제로 성교행위를 하지 아니한 경우에도 간통죄가 성립된다는 뜻은 아닌 것이다.

예컨대, 유부남이나 유부녀가 다른 이성과 동침한 경우에 있어서도 남자의 성기가 발기 불능이어서 의학상 삽입이 불가능하다면 성교행위가 있었다고 볼 수 없을 것이다. 따라서 이러한 경우에는 간통죄도 성립될 수 없다.

(4) 배우자의 '고소'

간통죄에 있어서 중요한 것은 간통죄는 고소를 전제 조건으로 하는 '친고죄'라는 점이다. 즉 간통죄는 피해자인 배우자가 고소를 한 경우에만 처벌할 수 있는 죄이다. 따라서 고소권자의 적법한 고소가 없는 경우에는 설령 수사기관에서 간통사실을 알게 되었다고 하더라도 수사가 개시되지도 않으며, 또 고소에 의해 수사를 시작하다가도 고소취소가 있게 되면 즉시 수사를 중단하게 된다.

간통죄의 고소는 매우 중요한 문제이므로 이에 대해서는 내용을 나누어 상세히 살펴보겠다.

2

간통죄와 피해자의 고소

(1) 간통죄의 고소절차

간통죄는 피해자의 고소를 요건으로 하는 친고죄이므로 피해자인 배우자가 수사기관에 고소를 하여야만 처벌할 수 있다.

그러나 배우자가 간통죄로 고소를 함에 있어서는 몇 가지 절차상의 요건과 제약이 있다.

첫째, 간통죄의 고소는 적법한 고소권자인 법률상의 배우자에 의하여 이루어져야 하며 제3자에 의한 고소나 고발은 아무런 효력이 없다. 다만, 고소권자인 피해자가 사망한 경우에는 그 고소권자의 직계친족이나 형제 자매가 고소권자의 명시한 의사에 반하지 않는 한 간통죄의 고소를 할 수 있다.[2]

그러므로 만일 피해자가 사망하기 전에 고소하지 않겠다는 뜻을 명시적으로 밝힌 사실이 있다면 직계친족이나 형제 자매도 고소를 할 수 없게 되는 것이다.

둘째, 고소는 경찰서나 검찰청 등 수사기관에 하여야 하며 법원이나 그 밖의 행정기관에 하는 것은 고소로서 아무런 효력이 발생치 않는다.[3]

그러나 고소의 방식은 서면(고소장)으로 하든 구두로 하든 상관이 없으며, 대리인을 통하여 고소하는 것도 상관없다.

셋째, 간통죄의 고소는 혼인이 해소되거나 이혼소송을 제기한 후가 아니면 이를 제기할 수 없다. 따라서 이미 이혼한 경우가 아니라면, 먼저 법원에 이혼심판을 청구한 다음 그 이혼심판 청구증명원을 발급받아서 이를 고소장과 함께 수사기관에 제출하여야만 적법한 고소가 된다.[4]

넷째, 간통죄의 고소는 배우자의 간통사실을 알게 된 날로부터 6개월 이내에는 제기하여야만 유효한 고소가 된다. 따라서 실제로 간통행위가 있었던 날로부터는 6개월이 경과되었더라도 고소권자가 그 동안 그 간통사실을 모르고 있었다면, 이를 처음 알게 된 때로부터 시작하여 6개월 이내에는 언제든지 적법한 고소를 할 수 있는 것이다.[5]

다만, 간통죄의 공소시효기간은 3년이므로 3년 이상이 지난 후에야 비로소 그와 같은 간통사실을 알게 된 경우에는 고소를 하더라도 공소시효완성으로 인하여 형사처벌은 불가능하므로 결국 고소도 아무런 효과가 없게 될 것이다.

다섯째, 피해자가 배우자의 간통을 종용하거나 일단 용서를 해준 경우에는 이를 새삼스럽게 고소할 수 없다.[6]

어떠한 경우에 간통의 종용이나 용서가 있었다고 볼 것인가에 관하여는 해당 항목의 설명을 참고하기 바란다.

(2) 간통죄의 고소에 있어서 유의할 점

간통죄는 배우자의 고소가 있어야만 처벌할 수 있는 친고죄이다. 여기서 고소할 수 있는 배우자란 혼인신고를 마친 법률상의 배우자만을 뜻한다. 따라서 사실상 부부관계에 있는 사람이라 하더라도 혼인신고를 하지 않은 상태라면 간통죄로 고소할 권한이 없다.

그리고 이러한 고소권이 있는 배우자라도 간통행위를 한 배우자와의 혼인관계가 해소되거나 이혼소송을 제기한 후가 아니면 간통죄의 고소를 할 수가 없다. 따라서 간통죄의 고소를 하려면, 먼저 법원에 이혼소송을 제기한 후 그 증명서를 발급받아 이를 고소장과 함께 수사기관에 제출하여야만 적법한 간통죄의 고소가 된다. 그렇지 않고 단순히 고소장만을 제출해서는 간통죄로 처벌할 수가 없는 것이다.

그러므로 이혼심판청구를 취소한 경우, 이혼심판청구가 취하된 것으로 간주되거나 각하된 경우 등에 있어서는 간통죄의 고소도 부적법한 것이 되어 상대 배우자를 간통죄로 처벌할 수 없게 된다.[7]

또한 이러한 고소는 범인을 알게 된 날로부터 6개월 이내에 제기하여야만 유효한 고소가 된다. 즉 배우자의 간통사실을 안 날로부터 6개월 이내에 고소를 제기하여야 하며, 6개월이 경과된 후에는 이혼심판의 청구는 가능하나 간통죄의 고소는 할 수가 없다.

그리고 배우자가 간통하는 것을 종용하거나 용서해준 경우에는 역시 간통죄로 고소를 할 수가 없다. 따라서 고소인이 배우자의 간통행위를 용서하였던 적이 있어 고소할 수 없음에도 불구하고 고소를 하였다면 그 고소는 효력이 없으므로 설령 그 고소에 의하여 공소가 제기되었더라도 법원은 공소기각의 판결을 하게 된다.[8]

여기서 '종용'이란 간통에 대한 피해자의 사전 승낙을 뜻하는 것이고, '용서'란 사후 승낙을 뜻하는 것이다.

또한 간통죄로 고소하였다가 일단 고소를 취소한 경우에는 동일한 간통사실에 대하여는 다시 고소할 수 없으며 그 고소취소의 의사표시를 철회하거나 취소하겠다고 주장하여도 아무런 소용이 없게 된다.[9]

그리고 혼인이 해소된 후, 즉 이혼한 후 간통죄로 고소하였다가 그 피고소인과 다시 혼인하거나 고소를 하면서 제기하였던 이혼심판의 청구를 취하한 경우에는 간통죄의 고소도 함께 취하한 것으로 간주된다는 것을 특히 유의해야 한다.[10]

(3) 고소취소의 효과

간통죄는 고소를 전제조건으로 하는 범죄이므로 고소를 취소하게 되면, 공소권이 없어지게 되어 고소로 인한 수사나 재판절차가 모두 종료된다. 따라서 고소를 취소하게 되면, 간통죄로 구속되었던 사람은 즉시 석방되고, 수사나 재판도 더 이상 진행될 여지가 없이 끝나게 된다.

그러나 이와 같은 고소의 취소는 언제나 할 수 있는 것이 아니며 늦어도 제1심 판결선고 전까지는 하여야만 앞에서 설명한 바와 같은 효과가 발생되는 것이며, 일단 제1심 판결이 선고된 후에는 설령 고소를 취소한다고 하더라도, 법률상 고소취소의 효과가 발생되지 않는다.[11]

따라서 피고소인과 재결합하여 가정생활을 그대로 유지하고 싶은 의사가 있다면 늦어도 제1심 판결이 선고되기 전까지는 고소를 취소해 주는 것이 좋다.

만일, 제1심 판결이 선고된 후에 고소를 취소해 준다면 그것은 항소심에서 정상참작 사유가 될 수 있을 뿐, 고소를 취소해 준 아무런 보람도 없이 제1심 판결에서 선고한 형이 그대로 확정될 것이고, 제1심 판결에 불복하여 항소를 제기한 경우에는 항소심 재판이 그대로 진행될 수밖에 없을 것이다.

또한 고소취소와 관련하여 중요한 점은, 이른바 '고소불가분의 원칙'에 따라 간통한 배우자나 상간자 중 어느 한 사람만 고소취소를 해주더라도 그 취소의 효과는 두 사람 모두에게 미친다는 점이다.[12]

즉 고소인이 간통죄를 범한 남녀 두 사람 중 어느 한 사람과 합의를 하고 그 합의한 사람에 대해서만 고소를 취소해 주더라도 그 취소의 효과는 취소해 주지 않은 사람에게까지 미치게 되어 결국 두 사람 모두를 취소해 주는 결과가 되는 것이다.

예를 들어 간통한 남편은 용서해 주고 그 상대방 여자는 괘씸한 생각에 징역을 살리고 싶어 남편에 대한 고소만을 취소하더라도 상간자인 여자에게까지 그 고소취소의 효과가 미치게 되어 구속되었던 그 여자까지 석방된다.

그리고 이러한 고소취소의 효과는 고소하였던 피해자가 그 고소를 취소하지 않은 경우에도 취소된 것으로 간주되어 발생되는 경우가 있다.

즉 혼인이 해소된 상태에서 간통죄의 고소를 하였던 사람이 간통행위를 한 그 사람과 다시 혼인을 하는 경우에는 고소는 취소된 것으로 간주되며, 또 고소인이 고소의 대상이 된 간통행위를 종용하거나 용서하여 주었던 사실이 판명된 경우에도 고소를 취소한 경우와 똑같은 효과가 발생되며, 고소 당시 청구하였던 이혼심판을 취하하거나 법원에서 그 이혼심판청구가 각하된 경우에도 고소를 취소한 경우와 똑같은 결과가 나타나게 된다.[13]

결국, 간통죄에 있어서의 고소는 처음부터 적법한 것이어야 함은 물론이고 재판이 계속되는 동안에도 이러한 적법상태는 계속 유지되어야 하는 것이다.

만일, 재판도중에 부적법한 상태가 되는 경우에는 고소는 처음부터 없었던 것과 똑같은 것이 되므로, 결과적으로 고소를 취소한 경우와 똑

같은 효과가 나타난다는 것을 유의할 필요가 있다.

(4) 고소를 취소하였다가 다시 고소할 수도 있는가

간통죄는 피해자의 고소가 있어야 처벌할 수 있는 친고죄이므로 간통죄의 고소를 취소하게 되면 수사나 재판도 더 이상 진행될 여지가 없이 끝나게 된다.

따라서 간통죄로 구속되어 수사나 재판을 받던 피고소인들도 즉시 석방되며, 앞으로 고소인으로서는 이를 다시 고소할 권한이 없어진다.

즉 간통죄의 고소를 취소함에 있어서는 어떠한 이유로든 재고소를 할 수 없다는 점을 유의하여야 한다. 물론, 고소취소를 해준 후에 또다시 간통행위를 한다면 그에 대하여는 별도로 고소를 할 수 있겠지만 이 경우는 재고소가 아니라 새로운 고소에 해당하는 것이므로 고소의 요건을 갖추어 새로 고소를 하면 될 것이다.

예를 들어 간통죄로 구속된 남편이 다시는 바람을 피우지 아니할 것을 맹세하며 고소한 아내에게 용서를 빌어 고소를 취소하여 주었더니, 석방되자마자 태도를 바꾸어 오히려 큰소리를 치며 외박을 하는 등 바람을 피우는 경우에 있어서도 전에 고소하였던 간통사실로는 다시 고소를 할 수 없으며, 또 피고소인이 약속을 지키지 아니하였다는 이유로 이미 효과가 발생된 고소취소의 의사표시를 철회하거나 취소할 수도 없다.

그러나 고소취소로 석방된 후에 새로 간통행위를 저지른다면, 그에 대하여는 얼마든지 새로운 고소를 할 수 있으며, 이러한 경우에는 개준의 정이 없다는 이유에서 더욱 엄중한 처벌을 받게 될 것이다.

　또한 이와 같이 재고소를 할 수 없는 것은 고소취소의 경우뿐만이 아니라 고소가 취소된 것으로 간주되는 경우, 즉 고소 후 간통행위의 종용이 있었던 것으로 판명되는 경우와 간통행위를 용서하여 준 경우, 이혼심판청구를 취하하거나 그 청구가 각하된 경우에도 역시 재고소를 할 수가 없다는 점을 유의해야 한다.

3

간통죄로 고소할 수 없는 사례

(1) 남편이나 아내는 용서하고 상간자인 상대방만 고소하여 처벌할 수도 있는가

간통죄는 고소를 하여야만 처벌할 수 있는 친고죄이고, 또 고소를 하느냐 용서를 해주느냐 하는 것은 오로지 피해자인 고소권자의 마음에 달려 있다.

그리고 간통죄는 남녀의 성교행위를 요건으로 하는 범죄이므로 언제나 간통을 한 유부남 또는 유부녀와 그와 상간한 자 등 두 사람이 고소의 대상이 될 수밖에 없다.

따라서 남편이 가정을 그대로 유지하고 싶은 마음에서 간통을 한 아내는 용서하고 상간한 남자만을 고소하여 처벌하고 싶은 경우도 있을 수 있고, 또 그 반대의 경우도 얼마든지 있을 수 있다.

그러나 친고죄인 간통죄에 있어서는 '고소불가분의 원칙'에 따라 간통한 남녀 두 사람 중 한 사람에 대해서만 고소를 하더라도 그 고소의 효과는 고소를 하지 아니한 사람에게까지 미치게 되므로 간통한 아내(남편)를 제외한 상간자만을 고소할 수는 없는 것이다.

그리고 이러한 불가분의 원칙은 고소취소의 경우에도 그대로 적용되므로, 예컨대 간통한 아내 및 상간한 남자를 고소하여 그들이 구속된 경우에 있어서 아내와 합의가 이루어져 간통한 아내에 대해서만 고소취소를 해주고 상간한 남자에 대한 고소는 취소하지 아니한 때에도 그 고소취소의 효과는 법률상 상간한 그 남자에게까지 미치게 되어 그 남자 또한 석방이 된다는 것을 유의하여야 한다.[14]

그러나 배우자가 상간자를 달리하여 간통한 경우, 즉 여러 명과 간통을 한 경우에 있어서의 고소 또는 고소취소는 다른 상간자에게는 그 효력이 미치지 않는다.[15]

(2) 일단 용서를 해준 후에 다시 간통죄로 고소할 수 있는가

간통죄는 피해자의 고소를 요건으로 하는 친고죄이다. 즉 피해자인 배우자의 고소가 있어야만 처벌할 수 있는 범죄이다.

그러나 법률상의 배우자가 이러한 고소권을 행사함에 있어서는 몇 가지 절차상의 제약이 있는데 그 중의 하나가 고소권자인 피해자가 간통행위를 사전에 종용하거나 사후에 용서한 경우에는 고소를 할 수 없다는 점이다.

다시 말해서 이러한 종용이나 용서가 있었던 경우에는 설령 피해자가 마음을 바꾸어 고소를 하더라도 그것은 부적법한 고소가 되므로 간통행위를 한 자를 처벌할 수 없게 되고, 또한 종용이나 용서를 한 사실이 발견되지 아니하여 피고소인이 간통죄로 구속되었다가도 사후에 이러한 사실이 밝혀지면 처음부터 고소가 없었던 것으로 간주되어 즉시 석방되는 것이다.[16]

배우자의 간통행위에 대하여 고소를 할 것인가의 여부는 오로지 피해자인 고소권자의 자유의사에 달려 있으나 고소를 하였다가 일단 그 고소를 취소하게 되면 같은 사실에 대하여 다시는 고소를 할 수 없는 것처럼 피해자가 간통을 종용하거나 용서해 준 경우에도 이를 번복하여 다시는 고소를 할 수 없으므로 간통의 종용과 용서를 함에 있어서는 고소 취소의 경우와 마찬가지로 신중하게 결정하여야 한다.

이처럼 피해자가 일단 간통을 종용하거나 용서한 경우에는 고소를 제기할 수 없도록 규정한 것은 간통으로 인한 부부관계의 불안정한 상태를 법률적으로 확실하게 해소시키려는 데 목적이 있다.

여기서 간통의 '종용'이란 피해자가 사전에 간통행위를 승낙하는 것을 뜻하며, '용서'란 간통행위를 문제삼지 않겠다고 사후 승낙하는 것을 의미한다.

피해자가 명시적으로 간통행위를 사전 승낙하거나 사후에 분명하게 용서해준 경우에는 별문제가 없겠으나, 그렇지 아니한 경우에는 과연 간통에 대한 종용이나 용서가 있었다고 볼 수 있을 것인가 하는 것이 법률상 큰 문제가 될 수밖에 없다. 왜냐하면 만일 종용이나 용서가 있었다고 인정된다면 피해자는 간통죄로 고소조차 해볼 수 없게 될 것이고, 따라서 간통을 한 자도 아무런 처벌을 받지 않게 되는 것이므로 결국 종용이나 용서가 있었다고 볼 것인가 하는 것은 간통죄의 성립 여부를 결정하는 핵심적인 문제가 되는 것이다.

따라서 배우자는 상대방의 간통행위에 대하여는 이를 종용 또는 용서한 것이라고 볼 수 있을 만한 분쟁이 생기지 않도록 사전에 명확한 의사표시와 행동을 할 필요가 있다.

대법원 판례는, 고소인이 간통사실을 안 후에 피고소인과 동침한 사실만으로는 간통의 용서가 있었다고 할 수 없으며, 또한 이혼심판이 청구되어 있는 이상 일시동거 사실만으로는 간통을 용서한 것으로는 볼 수 없고, 피고소인과 협의이혼하였다고 하여 혼인생활중에 있었던 간통행위를 용서하였다고 볼 수는 없다는 취지의 판결을 한 바 있다.[17]

(3) 이혼심판청구 후의 동거와 간통의 용서 여부

피해자인 배우자가 간통행위를 사후에 용서한 경우에는 상대방을 간통죄로 고소할 수 없다는 점은 앞에서 설명한 바와 같다. 따라서 여기서는 피해자가 배우자의 간통행위를 용서한 것으로 볼 수 있는가 하는 것이 문제된 대표적인 대법원 판례만을 살펴보겠다.

첫째, 피해자가 배우자의 간통사실을 안 후에도 피고소인과 계속 동침하였을 때 이러한 행동을 간통의 용서행위로 볼 것인가 하는 문제인데, 대법원 판례는 간통사실을 안 후 일시 동침한 사실만으로는 간통의 용서가 있었다고 볼 수 없다고 판시하고 있다.[18]

둘째, 피해자가 간통죄로 고소하기 위하여 이혼심판청구를 한 후에도 상대방과 동거를 하였을 경우 이를 간통의 용서행위로 볼 것인가 하는 문제인데, 이에 대하여도 대법원 판례는 이혼심판청구를 취하하지 않는 한 일시 동거사실만 가지고는 간통행위를 용서한 것으로는 볼 수 없다고 판시하고 있다.[19]

셋째, 간통행위가 있은 후 협의이혼하기로 합의하고 판사의 이혼 확인을 받은 경우, 그 이전의 간통행위에 대하여는 이를 문제삼지 않고 용서하는 취지로 볼 것인가 하는 것이 문제되는데, 이에 관하여도 대법원 판례는 특별한 사정이 없는 한 혼인생활중에 있었던 간통행위를 용서하

는 의사표시가 당연히 내포되어 있는 것으로는 볼 수 없다고 판시하고 있다.[20]

이처럼 피해자의 용서가 있었다고 볼 것인가 하는 문제는 결국, 당시의 구체적 상황과 당사자의 태도 등을 종합적, 구체적으로 검토하여 해석, 판단하여야 할 문제이다.

그러므로 간통죄로 배우자를 고소하기 위하여는 우선 피해자가 그 태도를 분명하게 하는 행동을 할 필요가 있다.

4
간통죄의 입증에 필요한 증거의 정도

간통죄도 다른 범죄와 마찬가지로 일단 피해자의 적법한 고소가 있게 되면 수사기관의 수사가 시작되지만, 간통죄는 일반 범죄와는 달리 이를 입증하기가 매우 어렵다는 특성을 가지고 있다.

즉 간통죄는 배우자가 있는 자의 성교행위가 있어야만 성립하는 범죄인데, 남녀간의 성교행위란 그 성격상 남이 보지 않는 곳에서 은밀하게 이루어지는 것이므로 다른 사람이 이를 직접 목격하는 경우란 거의 있을 수 없고, 또한 성행위에 어떤 물적 증거를 남기는 경우도 거의 있을 수 없는 일이다.

뿐만 아니라, 간통죄의 요건인 성교행위는 법률상 남자의 성기가 여성의 질에 삽입될 때에 비로소 간통이라는 범죄행위의 기수에 이르는 것이며, 이처럼 성교행위가 기수에 이르지 못한 간통죄의 미수범은 법률상 처벌할 수 없으므로, 설령 간통현장을 어렵게 덮친 경우에 있어서도, 아직 성교행위의 단계에 이르지 못한 상태였다면 이를 처벌할 수 없다. 이와 같은 간통죄의 증거를 잡아 그 죄를 입증한다는 것은 매우 어려운 일이라 하지 않을 수 없다.

물론, 간통을 한 남녀가 자신들의 죄를 뉘우치고 순순히 간통행위를 자백한다면 이를 입증하는 데 아무 어려움도 없겠지만, 실제 사건의 현실은 그렇지만은 않은 데에 문제가 있는 것이다.

따라서 우리의 대법원 판례도 간통죄의 경우에 있어서는 이처럼 물적 증거나 직접적인 목격증인 등의 증언을 기대하기가 어렵다는 실정을 감안하여 다른 일반 범죄와는 달리 피해자의 피해전말에 관한 증언을 토대로 범죄 전후의 정황에 관한 제반증언을 종합하여 우리의 경험칙상 성교행위가 있었다고 인정할 수 있을 정도이면 이를 유죄로 인정하고 있다.

예컨대, 평소 외박이 잦던 유부남이 전부터 사귀던 여자와 여관에 투숙하여 동침한 사실이 인정된다면 비록 그들이 성교행위는 하지 아니하였다고 범행을 부인하더라도 우리 사회의 경험칙상 성교행위가 있었다고 보아 간통죄의 유죄를 인정하는 것이다.

그러나 범죄 전후의 정황이 어떠했느냐, 피해자가 고소한 고소사실이 얼마나 타당한 것이냐, 피고소인들의 평소 행동이 어떠했느냐 하는 사실 등은 구체적인 사례별로 우리의 '상식'과 '경험칙'에 따라 판단되는 것이지 어떤 증거가 있으면 간통죄를 인정할 수 있고 그렇지 않으면 이를 인정할 수 없다는 식으로 일률적으로 말할 수는 없는 것이다.

다만, 간통죄에 있어서는 일반 범죄와 같은 정도의 엄격한 증거를 필요로 하는 것은 아니므로 배우자의 간통행위를 고소하고자 하는 고소인이 간통의 직접적인 증거를 제시할 수 없는 경우에 있어서는 우리의 상식과 경험칙에 비추어 간통행위가 있었다고 볼 수 있을 만한 여러 가지 상황증거를 제시할 필요가 있다.

5
간통죄의 성립 여부가 문제되는 사례

(1) 화대를 받는 매춘부 등 직업여성의 경우에도 간통죄가 성립하는가

간통죄는 배우자가 있는 유부남 또는 유부녀가 배우자가 아닌 이성과 성관계를 맺을 때에 성립하는 범죄로서 간통을 한 유부남이나 유부녀는 물론이고, 그와 상간한 상대방도 똑같이 간통죄로 처벌받게 된다.

그리고 유부남이나 유부녀와 상간하는 상대방의 자격에 대하여는 법률상 아무런 제한이 없으므로, 그 상간자가 배우자가 있는 유부남 또는 유부녀이든, 배우자가 없는 처녀 또는 총각이든, 과부나 홀아비이든 간통죄가 성립함에는 아무런 문제가 되지 않으며, 또한 그 상간자의 직업 유무 또는 직업의 종류를 불문하며 성년인 여부도 문제가 되지 않는다.

따라서 창녀나 기녀 등 직업여성이 유부남으로부터 화대를 받고 그에게 육체를 제공한 경우에 있어서도 그 상대 남자가 유부남인 사실을 알면서 성관계를 하였다면 법률상으로는 간통죄가 성립함에 아무런 문제가 없는 것이다. 다만, 그와 같은 경우에 있어서도 간통한 유부남의 처가 고소를 제기하여야만 처벌할 수 있고, 이때 직업적으로 돈을 받고 육체를 제공하였다는 점은 형사처벌을 함에 있어 정상참작 사유로는 작용할 수 있다. 그리고 돈을 받고 성행위의 상대방이 된 그 직업여성은 간통죄 이외에도 윤락행위등방지법에 의하여 처벌받을 수 있는데, 이러한 윤락행위는 친고죄가 아니므로 이 때에는 피해자의 고소 없이도 처벌이 가능해진다.

(2) 상간자가 유부남 또는 유부녀인 사실을 몰랐을 경우의 간통죄 성립 여부

간통죄란 유부남 또는 유부녀가 배우자가 아닌 이성(異性)과 성행위를 하는 경우와 그러한 유부남 또는 유부녀의 상대가 되어 성관계를 맺는 경우를 포함하는 개념이다.

따라서 배우자가 있는 유부남이나 유부녀가 아니더라도 배우자가 있는 자와 성행위를 하였을 때에는 간통의 상간자로서 간통죄의 처벌을 받게 된다.

그러나 간통죄는 고의범이다. 즉 과실로 간통죄를 범했을 경우에는 처벌할 수 없다.

따라서 유부남 또는 유부녀와 성행위를 한 상간자의 간통죄가 성립되려면, 성행위 당시에 상대방이 유부남 또는 유부녀인 사실을 알면서도 그와 성행위를 한다는 인식, 즉 간통의 고의를 필요로 한다.

다만, 이러한 고의는 명확한 것일 필요는 없고 미필적인 고의로도 충분하므로, 상대방이 유부남 또는 유부녀인 사실을 분명하게는 알지 못하였다고 하더라도 상대방의 나이, 용모, 언행 등에 비추어 유부남 또는 유부녀라고 인식할 수 있었으면 충분한 것이다. 다시 말해서 유부남 또는 유부녀라고 명확히 밝힌 바는 없다고 할지라도 대화중에 자녀의 교육문제 등을 이야기한 경우, 처가나 시집에 관한 이야기를 한 경우, 가정의 대소사에 관한 이야기를 한 경우 등에 있어서는 우리의 상식에 비추어 유부남 또는 유부녀로 인식할 수 있는 것이므로 이러한 경우에는 미필적인 고의를 인정할 수 있고, 따라서 간통죄의 고의도 있었다고 본다.

다만, 그 상대방이 독신남이나 독신녀 또는 이혼이나 상처(喪妻)를 하였다고 거짓말을 하거나 노총각, 노처녀라고 거짓말을 하여 이를 진실로 믿고 그와 성교행위를 하였다면, 비록 그가 유부남 또는 유부녀라고 할지라도 그 상간자에게 간통의 고의를 인정할 수는 없는 것이므로 간통죄도 성립되지 않을 것이다.

그러나 이러한 경우에 있어서도 사후에 유부남 또는 유부녀인 사실을 알게 되었음에도 계속 성관계를 맺었다면, 그러한 사실을 알게 된 때부터 이루어진 성행위에 대하여는 간통죄가 성립한다.

이 때, 노총각이라는 말을 믿고 성관계를 맺던 중, 나중에 유부남인 사실을 알게 되었으나 그때는 이미 임신까지 하기에 이르렀으므로 그와 성관계를 중단할 수 없었다는 등의 개인적인 사정이 있는 경우가 있겠으나 그러한 사정은 정상참작 사유가 될 뿐이고, 유부남인 사실을 안 후에 있었던 성행위에 대하여는 간통죄가 성립하는 데 아무 문제가 되지 않는다.

1) 대법원 판결 79도1848 사건.
2) 형사소송법 제225조 제2항.
3) 형사소송법 제237조.
4) 형사소송법 제229조 제1항.
5) 형사소송법 제230조.
6) 형법 제241조 제2항 단서.
7) 대법원 판결 75도1449, 81도1975, 81도2391 사건.
8) 대법원 판결 69도1350 사건.
9) 형사소송법 제232조 제2항.
10) 형사소송법 제229조 제2항.
11) 형사소송법 제232조 제1항, 대법원 판결 85도1940 사건.
12) 형사소송법 제233조.
13) 대법원 판결 75도1449, 81도1975, 81도2391 사건.
14) 형사소송법 제233조(告訴의 不可分).
15) 대법원 판결 71도68, 80도1310 사건.
16) 대법원 판결 69도1350 사건.
17) 대법원 판결 65도1107, 73도227, 86도483 사건.
18) 대법원 판결 65도1107 사건.
19) 대법원 판결 73도227 사건.
20) 대법원 판결 86도482 사건.

[제 7 장]
혼인빙자간음죄

1. '혼인빙자간음죄'란 어떤 죄인가
2. 혼인빙자간음죄 고소에 있어서 유의할 점

'혼인빙자간음죄'란 어떤 죄인가

혼인빙자간음죄는 혼인을 빙자하거나 기타 위계로써 음행의 상습이 없는 부녀자를 기망하여 간음하는 죄를 말한다. 다시 말하면 결혼할 생각이 없음에도 결혼하자고 거짓말을 하여 성행위를 할 때에 성립하는 범죄이다.

따라서 혼인빙자간음죄의 주체는 남성에 국한되며, 여성의 경우에는 설령 남자에게 결혼하자고 거짓말을 하여 성행위를 하더라도 혼인빙자간음죄가 성립할 여지가 없다.

반대로 본 죄의 피해자는 여자에 국한되는데, 음행의 상습이 없는 여자여야 한다. 즉 음행의 상습이 있는 여자에 대해서는 혼인을 빙자하여 성행위를 하더라도 그 남자에게 혼인빙자간음죄는 성립되지 않는다.

여기서 '음행의 상습'이 있는 여자란, 불특정인을 상대로 성생활을 하는 여자를 말하는데, 직업적인 매춘부가 그 대표적인 경우이다. 그 외에 매춘부가 아닌 미혼녀일지라도 불특정인을 상대로 퇴폐적인 성생활을 하고 있다면 음행의 상습이 있다고 할 수 있다.

또한 본 죄가 성립하기 위해서는 혼인을 '빙자한' 성행위가 있어야 한다. 그러므로 진실로 결혼할 의사를 갖고 성행위를 하였다면, 비록 사후에 가족의 반대나 상대여자의 낭비벽 등 새로운 사정으로 인하여 결혼을 할 수 없게 되었다고 할지라도 혼인빙자간음죄는 성립되지 않는다는 것을 유의하여야 한다.

　따라서 혼인빙자간음죄는 주로 유부남과 처녀, 바람기 있는 총각과 세상물정 모르는 처녀, 엉큼한 대학생과 순진한 시골처녀 등 결혼이 성사될 수 없거나 성사되기 어려운 남녀간에 많이 발생하고 있다.

　그리고 혼인빙자간음죄도 간통죄와 마찬가지로 피해자의 고소가 있어야만 처벌이 가능한 친고죄이다.

　친고죄의 고소에 관해서는 다음 항목의 설명을 참고하기 바란다.

　혼인빙자간음죄를 범한 자에 대하여 형법 제304조는 2년 이하의 징역 또는 5백만원 이하의 벌금에 처한다고 규정하고 있다.

　혼인빙자간음죄에 관하여 부녀자의 성문제는 결국 부녀자 자신의 판단에 따라 자신이 책임져야 하며, 개인의 성문제에 국가 형벌권이 개입하여서는 아니 된다는 입장에서 입법론적으로 그 폐지 여부가 논의되고 있다.

2
혼인빙자간음죄 고소에 있어서 유의할 점

혼인빙자간음죄는 피해자의 고소가 있어야만 처벌할 수 있는 친고죄이다.

본 죄의 고소권자는 피해자 본인이지만 피해자가 미성년자일 경우에는 그 부모도 독립적으로 고소할 수 있으며, 피해자가 사망한 경우에 있어서는 피해자의 명시적인 의사에 반하지 않는 한, 그 부모나 형제 자매가 고소를 할 수도 있다. 따라서 피해자가 사망하기 전에 피고소인을 고소하지 않겠다는 의사를 분명히 표시한 일이 있거나 유언으로 피고소인을 고소하지 말라고 말한 경우에는 그 부모나 형제 자매도 이를 고소할 수 없게 된다.

그리고 이러한 고소는 범인을 알게 된 때로부터 6개월 이내에 제기하여야만 유효한 고소가 된다. 만일 이 기간이 경과한 후라면 설령 피해자가 고소를 하더라도 피고소인을 처벌할 수 없게 된다.

여기서 범인을 알게 된 때라 함은 피고소인이 혼인할 의사가 없으면서도 혼인을 빙자하여 간음해 왔다는 사실을 알게 된 때를 말하는데, 그러한 사실을 알게 된 때는 피해자를 기준으로 계산된다는 점을 유의해야 한다.

예를 들어 피해자가 상대방의 혼인빙자간음 사실을 알게 되었음에도 혼자 고민하다가 6개월이 경과된 경우에는 피해자 본인이 이를 고소한다고 하더라도 이때는 이미 피해자의 고소권이 소멸된 상태이므로 그의 부모가 제기한 고소도 부적법한 것이 되어 결국 피고소인을 처벌할 수 없게 된다.

또한 혼인빙자간음죄는 이를 고소하였다가 일단 취소하게 되면 어떠한 이유로든 같은 간음사실에 관해서는 재고소를 할 수가 없다는 것을 유의하여야 한다. 예컨대, 구속된 피고소인이 고소인과 혼인하겠다고 맹세를 하므로 그 말을 믿고 고소를 취소하여 주었더니 석방된 후에는 태도를 바꾸어 고소인은 만나 주지도 않고 다른 여자와 사귀는 경우에 있어서도 이를 다시 고소할 수 없음은 물론이고 약속을 지키지 아니하였다는 이유로 고소취소의 의사를 철회할 수도 없다.

그리고 혼인빙자간음죄는 고소를 전제조건으로 하는 친고죄이므로 고소를 취소하게 되면, 공소권이 없어지게 되어 고소로 인한 수사나 재판 절차도 모두 끝나게 된다.

따라서 고소를 취소하게 되면 혼인빙자간음죄로 구속되었던 사람도 즉시 석방되고 수사나 재판도 더 이상 진행될 여지가 없게 된다.

그러나 이와 같은 고소취소는 언제나 할 수 있는 것이 아니고 늦어도 제1심 판결선고 전까지는 하여야만 앞에서 설명한 바와 같은 효과가 발생되는 것이며, 일단 제1심 판결이 선고된 후에는 설령 고소를 취소한다고 하더라도 법률상 고소취소의 효과가 발생되지 않는다.

그러므로 만일 피고소인에 대한 고소를 취소하여 줄 필요성이 있다면, 늦어도 제1심 판결이 선고되기 전까지는 고소를 취소해 주는 것이 좋다.

[제 8 장]
윤락행위

1. 윤락행위의 의미
2. 윤락행위금지 위반죄
3. 윤락행위 매개죄
4. 풍속영업자의 윤락행위

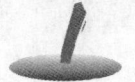

윤락행위의 의미

윤락행위란 불특정인으로부터 금품 등을 받기로 약속하거나 영리를 목적으로 성행위를 하는 것을 말한다.

따라서 특정인으로부터 금품을 받고 성행위를 하는 경우, 예컨대 돈 많은 사장의 정부가 되어 그로부터 생활비를 받으면서 성행위하는 경우에는 윤락행위가 되지 않는다.

불특정인을 상대로 성행위를 하는 한 아직 금품을 받지 아니하였다고 할지라도 이를 받기로 약속만 한 경우에 있어서도 윤락행위가 되는데 아무런 문제가 되지 않는다. 또한 불특정인을 상대로 금품을 받기 위하여 성행위를 하는 한 그것이 직업적인 것임을 필요로 하지 않으며, 비록 일시적인 것일지라도 윤락행위가 될 수 있다.

따라서 무전여행을 하던 여학생이 숙식비를 마련하기 위하여 일시적으로 불특정인과 돈을 받고 성행위를 하거나 자동차에 태워주는 대가로 성행위를 하는 경우, 카페나 다방의 종업원이 돈을 받고 성행위를 하는 경우 등도 모두 윤락행위가 될 수 있다.

윤락행위에 관해서는 "윤락행위등방지법"에서 윤락행위를 하거나 그 상대방이 되는 행위, 윤락행위의 상대자가 되기를 유인하거나 권유하는 행위, 윤락행위를 유인, 강요하거나 그 처소를 제공하는 행위 등을 처벌하고 있고, "풍속영업의규제에관한법률"에서 이용업소 · 미용업소 · 숙박업소·목욕탕 등 위생접객업소에서의 윤락행위에 관하여 특별히 처벌하는 규정을 두고 있다. 그 구체적인 내용에 대해서는 세부적으로 나누어 설명하겠다.

2
윤락행위금지 위반죄

윤락행위를 하거나 그 상대방이 되는 행위, 즉 윤락행위를 함으로써 성립하는 죄를 말한다.

윤락행위를 하는 자란 돈을 받고 성행위를 하는 사람을 의미하며, 그 상대방이 되는 자란 돈을 주고 성행위를 하는 사람을 의미한다.

따라서 윤락행위를 하는 자는 물론이고, 그의 상대가 되는 자도 형사처벌의 대상이 되며, 이러한 죄에 관하여 "윤락행위등방지법"은 1년 이하의 징역 또는 3백만원 이하의 벌금·구류·과료에 처하도록 규정하고 있다.

그리고 숙박업자, 목욕업자, 이용 및 미용업자, 만화방, 비디오방, 노래방 등지에서 윤락행위를 시키거나 제공, 알선한 경우에는 "풍속영업의규제에관한법률"에 의하여 3년 이하의 징역 또는 벌금 2천만원 이하의 처벌을 받게 된다.

3
윤락행위 매개죄

본죄는 윤락행위를 유인, 권유, 알선하거나 윤락행위의 상대자가 되도록 유인, 권유, 강요하는 경우, 그리고 윤락행위의 장소를 제공함으로써 성립하는 범죄이다.

윤락행위를 유인, 권유, 알선 또는 강요한다는 의미는 돈을 받고 성행위를 하도록 유혹하거나 소개하는 행위를 말한다. 예를 들면, 가출한 소녀나 카페의 종업원 등에게 손님과 성행위를 하게 되면 한 달에 몇백 만원은 쉽게 벌 수 있다고 하면서 은근히 이를 권유하는 경우, 술집 주인이 빚을 지고 있는 종업원에게 몸을 팔아서라도 빚을 갚으라고 하며 윤락행위를 하도록 강요하는 경우가 이에 해당한다.

그리고 윤락행위의 장소를 제공한다 함은 윤락행위를 할 수 있는 방 등을 제공하는 행위를 말하는 것으로 예컨대, 윤락행위를 할 수 있는 셋방을 얻어주거나, 여관이나 호텔방을 제공하는 등 그 장소를 제공하여 주는 것을 말한다.

따라서 여관이나 호텔의 종업원 등이 윤락녀에게 방을 제공하는 경우는 물론이고, 술집 주인이 윤락행위를 하도록 자신의 집을 제공하여 주는 경우에도 본 죄에 해당하게 된다.

이러한 죄에 대하여 "윤락행위등방지법" 제25조는 그 행위유형에 따라 ① 윤락행위의 장소를 제공한 자와 윤락행위를 알선한 자는 3년 이하의 징역 또는 1천만원 이하의 벌금에 처하고, 이러한 행위를 영업으로 하였을 때에는 5년 이하의 징역 또는 1천5백만원 이하의 벌금으로 가중처벌하며, ② 윤락행위를 하도록 유인 또는 권유하거나 윤락행위의 상대자가 되도록 유인, 권유, 강요한 자는 2년 이하의 징역 또는 5백만원 이하의 벌금에 처하고 있다.

여기서 영리를 목적으로 영업으로 한다는 말은 윤락 행위자 또는 그 상대자로부터 돈을 받을 목적으로 하는 것을 말한다.

따라서 술집 주인이나 마담 또는 지배인이 그 종업원에게 단골손님과의 윤락행위를 단순히 알선하거나 호의로 장소를 제공해 주는 경우라면 3년 이하의 징역 또는 1천만원 이하의 벌금이라는 가벼운 처벌을 받겠지만 여기서 더 나아가 손님으로부터 소개비를 받거나 그 종업원의 화대에서 일정한 돈을 받을 때에는 최고 징역 5년까지의 엄한 처벌을 받게 된다.

또한 남에게 폭력, 협박, 위계의 방법을 쓰거나 남을 곤경에 빠뜨리거나, 업무, 고용, 기타 관계로 인하여 자기의 보호·감독을 받는 관계를 이용하여 이러한 범행을 한 경우에도 최고 징역 5년까지 가중처벌하도록 규정하고 있다.

또한 유흥주점, 숙박업소, 이용업소, 특수목욕장, 전자유기장, 객석 300석 이하 또는 객석의 바닥 면적 $100m^2$ 이하인 소극장, 음반 및 비디오물판매업소와 대여업소, 만화대여업소, 무도학원, 무도장, 노래연습장에서 윤락행위 또는 음란행위를 하게 하거나 이를 알선 또는 제공한 경우에는 "풍속영업의규제에관한법률" 제10조에 의하여 3년 이하의 징역 또는 2천만원 이하의 벌금에 처하고 있다.

4

풍속영업자의 윤락행위

본죄는 풍속영업장소에서 윤락행위나 음란행위를 할 때에 성립하는 범죄로서 여기서의 '풍속영업'이란 숙박업, 목욕업, 이용업, 미용업, 비디오방, 노래방, 게임방, 무도장 등을 말한다. 이와 같은 업소의 영업주 또는 종업원이 윤락행위 또는 음란행위를 하게 하거나 이를 제공 또는 알선하는 행위, 음란한 문서, 도화, 영화, 비디오물을 판매, 대여, 관람, 진열하는 행위 등이 모두 처벌대상이 된다.

또한 '윤락행위'란 성행위를 말하는 것이고, '음란행위'란 성행위 이외의 것으로 일반인으로 하여금 성적인 수치심이나 혐오감을 느끼게 하는 일체의 행위를 말한다. 따라서 여관, 목욕탕, 이발소 등지에서 성행위를 하는 것은 물론이고, 손으로 성기를 만져주거나 입으로 빨아주는 행위 등도 모두 본 죄의 처벌대상이 되며, 여관에서 매춘부를 소개하는 행위, 호텔에서 외국관광객에게 윤락녀를 연결시켜주는 행위 등도 모두 본 죄의 윤락행위알선죄로 처벌대상이 된다.

이러한 행위에 대하여 "풍속영업의규제에관한법률"은 3년 이하의 징역이나 2천만원 이하의 벌금형에 처한다고 규정하고 있다.

[부 록]
성범죄 관련 법령

형 법(발췌)

형사소송법(발췌)

성폭력범죄의처벌및피해자보호등에관한법률

성폭력범죄의처벌및피해자보호등에관한법률시행령

성폭력범죄의처벌및피해자보호등에관한법률시행규칙

특정강력범죄의처벌에관한특례법

윤락행위등방지법

풍속영업의규제에관한법률

아동복지법(발췌)

남녀차별금지및구제에관한법률

남녀고용평등법

형 법(발췌)

제22장 성풍속에 관한 죄

제241조 【간 통】 ① 배우자 있는 자가 간통한 때에는 2년 이하의 징역에 처한다.
② 제1항의 죄는 배우자의 고소가 있어야 논한다. 단, 배우자가 간통을 종용 또는 유서한 때에는 고소할 수 없다.
제242조 【음행매개】 영리의 목적으로 미성년 또는 음행의 상습 없는 부녀를 매개하여 간음하게 한 자는 3년 이하의 징역 또는 1천5백만원 이하의 벌금에 처한다.
제243조 【음화반포】 음란한 문서, 도화, 필름, 기타 물건을 반포, 판매 또는 임대하거나 공연히 전시 또는 상영한 자는 1년 이하의 징역 또는 5백만원 이하의 벌금에 처한다.
제245조 【공연음란】 공연히 음란한 행위를 한 자는 1년 이하의 징역, 5백만원 이하의 벌금, 구류 또는 과료에 처한다.

제31장 약취와 유인의 죄

제287조 【미성년자의 약취, 유인】 미성년자를 약취 또는 유인한 자는 10년 이하의 징역에 처한다.
제288조 【영리 등을 위한 약취, 유인, 매매 등】 ① 추행, 간음 또는 영리의 목적으로 사람을 약취 또는 유인한 자는 1년 이상의 유기징역에 처한다.
② 추업에 사용할 목적으로 부녀를 매매한 자도 제1항의 형과 같다.
③ 상습으로 제1항 및 제2항의 죄를 범한 자는 2년 이상의 유기징역에 처한다.
제289조 【국외 이송을 위한 약취, 유인, 매매】 ① 국외에 이송할 목적으로 사람을 약취, 유인 또는 매매한 자는 3년 이상의 유기징역에 처한다.
② 약취, 유인 또는 매매한 자를 국외에 이송한 자도 제1항의 형과 같다.
③ 상습으로 제1항 및 제2항의 죄를 범한 자는 5년 이상의 유기징역에 처한다.

제290조 【예비, 음모】 제289조의 죄를 범할 목적으로 예비 또는 음모한 자는 3년 이하의 징역에 처한다.
제291조 【결혼을 위한 약취, 유인】 결혼할 목적으로 사람을 약취 또는 유인한 자는 5년 이하의 징역에 처한다.
제292조 【약취, 유인, 매매된 자의 수수 또는 은닉】 ① 제288조 또는 제289조의 약취, 유인이나 매매된 자 또는 이송된 자를 수수 또는 은닉한 자는 7년 이하의 징역에 처한다.
② 제287조 또는 제291조의 약취 또는 유인된 자를 수수 또는 은닉한 자는 5년 이하의 징역에 처한다.
제293조 【상습범】 ① 상습으로 제292조의 죄를 범한 자는 2년 이상 10년 이하의 징역에 처한다.
② 추행, 간음 또는 영리의 목적으로 제292조의 죄를 범한 자도 제1항의 형과 같다.
제294조 【미수범】 제287조 내지 제289조와 제291조 내지 제293조의 미수범은 처벌한다.
제295조 【자격정지 또는 벌금의 병과】 제288조, 제289조, 제292조, 제293조와 그 미수범에는 10년 이하의 자격정지 또는 2천만원 이하의 벌금을 병과할 수 있다.
제295조의 2 【형의 감경】 이 장의 죄를 범한 자가 약취, 유인, 매매 또는 이송된 자를 안전한 장소로 풀어 준 때에는 그 형을 감경할 수 있다.
제296조 【고 소】 제288조 제1항, 제292조 제1항 또는 제293조 제2항의 각 죄 중 추행 또는 간음의 목적으로 약취, 유인, 수수 또는 은닉한 죄, 제291조의 죄와 그 미수범은 고소가 있어야 공소를 제거할 수 있다.

제32장 강간과 추행의 죄

제297조 【강 간】 폭행 또는 협박으로 부녀를 강간한 자는 3년 이상의 유기징역에 처한다.
제298조 【강제추행】 폭행 또는 협박으로 사람에 대하여 추행을 한 자는 10년 이하의 징역 또는 1천5백만원 이하의 벌금에 처한다.
제299조 【준강간, 준강제추행】 사람의 심신상실 또는 항거불능상태를 이용하여 간음 또는 추행을 한 자는 제297조 및 제298조의 예에 의한다.

제301조 【강간 등 상해, 치상】 제297조 내지 제300조의 죄를 범한 자가 사람을 상해하거나 상해에 이르게 한 때에는 무기 또는 5년 이상의 징역에 처한다.

제301조의 2 【강간 등 살인, 치사】 제297조 내지 제300조의 죄를 범한 자가 사람을 살해한 때에는 사형 또는 무기징역에 처한다. 사망에 이르게 한 때에는 무기 또는 10년 이상의 징역에 처한다.

제302조 【미성년자 등에 대한 간음】 미성년자 또는 심신미약자에 대하여 위계 또는 위력으로써 간음 또는 추행을 한 자는 5년 이하의 징역에 처한다.

제303조 【업무상, 위력 등에 의한 간음】 ① 업무, 고용, 기타 관계로 인하여 자기의 보호 또는 감독을 받는 부녀에 대하여 위계, 위력으로써 간음한 자는 5년 이하의 징역 또는 1천5백만원 이하의 벌금에 처한다.
② 법률에 의하여 구금된 부녀를 감호하는 자가 그 부녀를 간음한 때에는 7년 이하의 징역에 처한다.

제304조 【혼인빙자 등에 의한 간음】 혼인을 빙자하거나 기타 위계로써 음행의 상습 없는 부녀를 기망하여 간음한 자는 2년 이하의 징역 또는 5백만원 이하의 벌금에 처한다.

제305조 【미성년자에 대한 간음, 추행】 13세 미만의 부녀를 간음하거나 13세 미만의 사람에게 추행을 한 자는 제297조, 제298조, 제301조 또는 제301조의 2의 예에 의한다.

제306조 【고 소】 제297조 내지 제300조와 제302조 내지 제305조의 죄는 고소가 있어야 공소를 제기할 수 있다.

제36장 주거침입의 죄

제319조 【주거침입, 퇴거불응】 ① 사람의 주거, 관리하는 건조물, 선박이나 항공기 또는 점유하는 방실에 침입한 자는 3년 이하의 징역 또는 5백만원 이하의 벌금에 처한다.
② 제1항의 장소에서 퇴거요구를 받고 응하지 아니한 자도 제1항의 형과 같다.

제320조 【특수주거침입】 단체 또는 다중의 위력을 보이거나 위험한 물건을 휴대하여 제1항의 죄를 범한 때에는 5년 이하의 징역에 처한다.

제321조 【주거, 신체 수색】 사람의 신체, 주거, 관리하는 건조물, 자동차, 선박이나 항공기 또는 점유하는 방실을 수색한 자는 3년 이하의 징역에 처한다.

제38장 절도와 강도의 죄

제329조 【절 도】타인의 재물을 절도한 자는 6년 이하의 징역 또는 1천만원 이하의 벌금에 처한다.

제330조 【야간주거침입절도】야간에 사람의 주거, 간수하는 저택, 건조물이나 선박 또는 점유하는 방실에 침입하여 타인에 재물을 절취한 자는 10년 이하의 징역에 처한다.

제331조 【특수절도】① 야간에 문호 또는 담벽, 기타 건조물의 일부를 손괴하고 제330조의 장소에 침입하여 타인의 재물을 절취한 자는 1년 이상 10년 이하의 징역에 처한다.
② 흉기를 휴대하거나 2인 이상이 합동하여 타인의 재물을 절취한 자도 제1항의 형과 같다.

제331조의 2 【자동차 불법사용】권리자의 동의 없이 타인의 자동차, 선박, 항공기 또는 원동기장치자전거를 일시 사용한 자는 3년 이하의 징역, 5백만원 이하의 벌금, 구류 또는 과료에 처한다.

제332조 【상습범】상습으로 제329조 내지 제331조의 2의 죄를 범한 자는 그 죄에 정한 형의 2분의 1까지 가중한다.

제333조 【강 도】폭행 또는 협박으로 타인의 재물을 강취하거나 기타 재산상의 이익을 취득하거나 제3자로 하여금 이를 취득하게 한 자는 3년 이상의 유기징역에 처한다.

제334조 【특수강도】① 야간에 사람의 주거, 관리하는 건조물, 선박, 항공기 또는 점유하는 방실에 침입하여 제333조의 죄를 범한 자는 무기 또는 5년 이상의 징역에 처한다.
② 흉기를 휴대하거나 2인 이상이 합동하여 제333조의 죄를 범한 자도 제1항의 형과 같다.

제335조 【준강도】절도가 재물의 탈환을 항거하거나 체포를 면탈하거나 죄적을 인멸할 목적으로 폭행 또는 협박을 가한 때에는 제333조 및 제334조의 예에 의한다.

제336조 【인질강도】사람을 체포, 구금, 약취 또는 유인하여 이를 인질로 삼아 재물 또는 재산상의 이익을 취득하거나 제3자로 하여금 이를 취득하게 한 자는 3년 이상의 유기징역에 처한다.

제337조 【강도상해, 치상】 강도가 사람을 상해하거나 상해에 이르게 한 때에는 무기 또는 7년 이상의 징역에 처한다.

제338조 【강도살인, 치사】 강도가 사람을 살해한 때에는 사형 또는 무기징역에 처한다. 사망에 이르게 한 때에는 무기 또는 10년 이상의 징역에 처한다.

제339조 【강도강간】 강도가 부녀를 강간한 때에는 무기 또는 10년 이상의 징역에 처한다.

제340조 【해상강도】 ① 다중의 위력으로 해상에서 선박을 강취하거나 선박 내에 침입하여 타인의 재물을 강취한 자는 무기 또는 7년 이상의 징역에 처한다.
② 제1항의 죄를 범한 자가 사람을 상해하거나 상해에 이르게 한 때에는 무기 또는 10년 이상의 징역에 처한다.
③ 제1항의 죄를 범한 자가 사람을 살해 또는 사망에 이르게 하거나 부녀를 강간한 때에는 사형 또는 무기징역에 처한다.

제341조 【상습범】 상습으로 제333조, 제334조, 제336조 또는 제340조 제1항의 죄를 범한 자는 무기 또는 10년 이상의 징역에 처한다.

제342조 【미수범】 제329조 내지 제341조의 미수범은 처벌한다.

제343조 【예비, 음모】 강도할 목적으로 예비 또는 음모한 자는 7년 이하의 징역에 처한다.

제344조 【친족간의 범행】 제328조의 규정은 제329조 내지 제332조의 죄 또는 그 미수범에 준용한다.

제345조 【자격정지의 병과】 본 장의 죄를 범하여 유기징역에 처할 경우에는 10년 이하의 자격정지를 준용한다.

제346조 【동 력】 본 장의 죄에 있어서 관리할 수 있는 동력은 재물로 간주한다.

형사소송법(발췌)

제223조 【고소권자】 범죄로 인한 피해자는 고소할 수 있다.
제224조 【고소의 제한】 자기 또는 배우자의 직계존속을 고소하지 못한다.
제225조 【비피해자인 고소권자】 ① 피해자의 법정대리인은 독립하여 고소할 수 있다.
② 피해자가 사망한 때에는 그 배우자, 직계친족 또는 형제 자매를 고소할 수 있다. 단, 피해자의 명시한 의사에 반하지 못한다.
제226조 【동 전】 피해자의 법정대리인이 피의자이거나 법정대리인의 친족이 피의자인 때에는 피해자의 친족은 독립하여 고소할 수 있다.
제227조 【동 전】 사자의 명예를 훼손한 범죄에 대하여는 그 친족 또는 자손은 고소할 수 있다.
제228조 【고소권자의 지정】 친고죄에 대하여 고소할 자가 없는 경우에 이해관계인의 신청이 있으면 검사는 10일 이내에 고소할 수 있는 자를 지정하여야 한다.
제229조 【배우자의 고소】 ① 형법 제241조의 경우에는 혼인이 해소되거나 이혼소송을 제기한 후가 아니면 고소할 수 없다.
② 제1항의 경우에 다시 혼인을 하거나 이혼소송을 취하한 때에는 고소는 취소된 것으로 간주한다.
제230조 【고소기간】 ① 친고죄에 대하여는 범인을 알게 된 날로부터 6월을 경과하면 고소하지 못한다. 단, 고소할 수 없는 불가항력의 사유가 있는 때에는 그 사유가 없어진 날로부터 기산한다.
② 형법 제291조의 죄로 약취, 유인된 자가 혼인을 한 경우의 고소는 혼인의 무효 또는 취소의 재판이 확정된 날로부터 제1항의 기간이 진행된다.
제232조 【고소의 취소】 ① 고소는 제1심 판결 선고 전까지 취소할 수 있다.
② 고소를 취소한 자는 다시 고소하지 못한다.
③ 피해자의 명시한 의사에 반하여 죄를 논할 수 없는 사건에 있어서 처벌을 희망하는 의사표시의 철회에 관하여도 제1항 및 제2항의 규정을 준용한다.

제233조 【고소의 불가분】 친고죄의 공범 중 그 1인 또는 수인에 대한 고소 또는 그 취소는 다른 공범자에 대하여도 효력이 있다.

제234조 【고 발】 ① 누구든지 범죄가 있다고 사료하는 때에는 고발할 수 있다.
② 공무원은 직무를 행함에 있어 범죄가 있다고 사료하는 때에는 고발하여야 한다.

제235조 【고발의 제한】 제224조의 규정은 고발에 준용한다.

제236조 【대리고소】 고소 또는 그 취소는 대리인으로 하여금 하게 할 수 있다.

제237조 【고소, 고발의 방식】 ① 고소 또는 고발은 서면 또는 구술로써 검사 또는 사법경찰관에게 하여야 한다.
② 검사 또는 사법경찰관이 구술에 의한 고소 또는 고발을 받은 때에는 조서를 작성하여야 한다.

제238조 【고소, 고발과 사법경찰관의 조치】 사법경찰관이 고소 또는 고발을 받은 때에는 신속히 조사하여 관계서류와 증거물을 검사에게 송부하여야 한다.

제239조 【준용규정】 제237조 및 제238조의 규정은 고소 또는 고발의 취소에 관하여 준용한다.

제240조 【자수와 준용규정】 제237조와 제238조의 규정은 자수에 대하여 준용한다.

제241조 【피의자 신문】 검사 또는 사법경찰관이 피의자를 신문함에는 먼저 그 성명, 연령, 본적, 주거와 직업을 물어 피의자임에 틀림없음을 확인하여야 한다.

제242조 【피의자 신문사항】 검사 또는 사법경찰관은 피의자에 대하여 범죄사실과 정상에 관한 필요사항을 신문하여야 하며 그 이익되는 사실을 진술할 기회를 주어야 한다.

제243조 【피의자 신문과 참여자】 검사가 피의자를 신문함에는 검찰청 수사관 또는 서기관이나 서기를 참여하게 하여야 하고 사법경찰관이 피의자를 신문함에는 사법경찰관리를 참여하게 하여야 한다.

제244조 【피의자 신문조서의 작성】 ① 피의자의 진술은 조서에 기재하여야 한다.
② 제1항의 조서는 피의자에게 열람하게 하거나 읽어 들려 주어야 하며 오기가 있고 없음을 물어 피의자가 증감, 변경의 청구를 하였을 때에는 그 진술을 조서에 기

재하여야 한다.

③ 피의자가 조서에 오기가 없음을 진술한 때에는 피의자로 하여금 그 조서에 간인한 후 서명 또는 기명날인하게 한다.

제245조 【참고인과의 대질】 검사 또는 사법경찰관이 사실을 발견함에 필요한 때에는 피의자나 다른 피의자 또는 피의자 아닌 자와 대질하게 할 수 있다.

제249조 【공소시효의 기간】 ① 공소시효는 다음 기간의 경과로 완성한다.
1. 사형에 해당하는 범죄에는 15년
2. 무기징역 또는 무기금고에 해당하는 범죄에는 10년
3. 장기 10년 이상의 징역 또는 금고에 해당하는 범죄에는 7년
4. 장기 10년 미만의 징역 또는 금고에 해당하는 범죄에는 5년
5. 장기 5년 미만의 징역 또는 금고, 장기 10년 이상의 자격 정지 또는 다액 1만원 이상의 벌금에 해당하는 범죄에는 3년
6. 장기 5년 이상의 자격정지에 해당하는 범죄에는 2년
7. 장기 5년 미만의 자격정지, 다액 1만원 미만의 벌금, 구류, 과료 또는 몰수에 해당하는 범죄에는 1년

② 공소가 제기된 범죄는 판결의 확정이 없이 공소를 제기한 때로부터 15년을 경과하면 공소시효가 완성된 것으로 간주한다.

제252조 【시효의 기산점】 ① 시효는 범죄행위의 종료한 때로부터 진행한다.
② 공범에는 최종행위의 종료한 때로부터 모든 공범에 대한 시효기간을 기산한다.

제253조 【시효의 정지와 효력】 ① 시효는 공소의 제기로 진행이 정지되고 공소기각 또는 관할위반의 재판이 확정된 때로부터 진행된다.
② 공범의 1인에 대한 제1항의 시효정지는 다른 공범자에게 대하여 효력이 미치고 해당사건의 판결이 확정된 때로부터 진행한다.
③ 범인이 형사처분을 면할 목적으로 국외에 있는 경우 그 기간 동안 공소시효는 정지된다.

제257조 【고소 등에 의한 사건의 처리】 검사가 고소 또는 고발에 의하여 범죄를 조사할 때에는 고소 또는 고발을 수리한 날로부터 3월 이내에 조사를 완료하여 공소제기 여부를 결정하여야 한다.

제258조 【고소인 등에의 처분고지】 ① 검사는 고소 또는 고발 있는 사건에 관하여 공소를 제기하거나 제기하지 아니하는 처분, 공소의 취소, 또는 제256조의

송치를 한 때에는 그 처분한 날로부터 7일 이내에 서면으로 고소인 또는 고발인에게 그 취지를 통지하여야 한다.
② 검사는 불기소 또는 제256조의 처분을 한 때에는 피의자에게 즉시 그 취지를 통지하여야 한다.
　제259조 【고소인 등에의 공소불제기이유고지】 검사는 고소 또는 고발 있는 사건에 관하여 공소를 제기하지 아니하는 처분을 한 경우에 고소인 또는 고발인의 청구 있은 때에는 7일 이내에 고소인 또는 고발인에게 그 이유를 서면으로 설명하여야 한다.

성폭력범죄의처벌및피해자보호등에관한법률

제정 1994. 1. 5. 법률 제4702호

개정 1995. 1. 5. 법률 제4933호   개정 1997. 8. 22. 법률 제5343호
개정 1997. 8. 22. 법률 제5358호   개정 1997. 12. 13. 법률 제5453호
개정 1997. 12. 13. 법률 제5454호   개정 1998. 12. 28. 법률 제5593호

제1장 총 칙

제1조 【목 적】이 법은 성폭력범죄를 예방하고 그 피해자를 보호하며, 성폭력범죄의 처벌 및 그 절차에 관한 특례를 규정함으로써 국민의 인권신장과 건강한 사회질서의 확립에 이바지함을 목적으로 한다.

제2조 【정 의】① 이 법에서 '성폭력범죄'라 함은 다음 각 호의 1에 해당하는 죄를 말한다. 〈개정 97. 8. 22., 98. 12. 28.〉

1. 형법 제22장 성풍속에 관한 죄 중 제242조(음행매개), 제243조(음화 등의 반포 등, 제244조(음화 등의 제조 등) 및 제245조(공연음란)의 죄

2. 형법 제31장 약취와 유인의 죄 중 추행 또는 간음을 목적으로 하거나 추업에 사용할 목적으로 범한 제288조(영리 등을 위한 약취·유인, 매매 등), 제292조(약취, 유인, 매매된 자를 수수 또는 은닉. 다만, 제288조의 약취·유인이나 매매된 자를 수수 또는 은닉한 죄에 한한다), 제293조(상습범. 다만, 제288조의 약취·유인이나 매매된 자 또는 이송된 자를 수수 또는 은닉한 죄의 상습범에 한한다), 제294조(미수범. 다만, 제288조의 미수범 및 제292조의 미수범 중 제288조의 약취·유인이나 매매된 자를 수수 또는 은닉한 죄의 미수범과 제293조의 상습범의 미수범 중 제288조의 약취·유인이나 매매된 자를 수수 또는 은닉한 죄의 상습범의 미수범에 한한다)의 죄

3. 형법 제32장 강간과 추행의 죄 중 제297조(강간), 제298조(강제추행), 제299조(준강간, 준강제추행), 제300조(미수범), 제301조(강간 등 상해·치상), 제301조의 2(강간 등 살인·치사), 제302조(미성년자 등에 대한 간음), 제303조(업무상위력 등에 의한 간음) 및 제305조(미성년자에 대한 간음, 추행)의 죄

4. 형법 제339조(강도강간)의 죄

5. 이 법 제5조(특수강도강간 등) 내지 제14조의 2(카메라 등 이용촬영)의 죄
② 제1항 각 호의 범죄로서 다른 법률에 의하여 가중처벌되는 죄는 성폭력범죄로 본다.

제3조 【국가와 지방자치단체의 의무】 ① 국가와 지방자치단체는 성폭력범죄를 예방하고 그 피해자를 보호하며 유해환경을 개선하기 위하여 필요한 법적·제도적 장치를 마련하고 필요한 재원을 조달하여야 한다.
② 국가와 지방자치단체는 청소년을 건전하게 육성하기 위하여 청소년에 대한 성교육 및 성폭력예방에 필요한 교육을 실시하여야 한다.
③ 제2항의 규정에 의한 청소년에 대한 성교육 및 성폭력예방에 필요한 교육에 관하여 필요한 사항은 대통령령으로 정한다. 〈신설 97. 8. 22.〉

제4조 【피해자에 대한 불이익처분의 금지】 성폭력범죄의 피해자를 고용하고 있는 자는 누구든지 성폭력범죄와 관련하여 피해자를 해고하거나 기타 불이익을 주어서는 아니된다.

제2장 성폭력범죄의 처벌 및 절차에 관한 특례

제5조 【특수강도강간 등】 ① 형법 제319조 제1항(주거침입), 제330조(야간주거침입절도), 제331조(특수절도) 또는 제342조(미수범. 다만, 제330조 및 제331조의 미수범에 한한다)의 죄를 범한 자가 동 법 제297조(강간) 내지 제299조(준강간, 준강제추행)의 죄를 범한 때에는 무기 또는 5년 이상의 징역에 처한다. 〈개정 97. 8. 22.〉
② 형법 제334조(특수강도) 또는 제342조(미수범. 다만, 제334조의 미수범에 한한다)의 죄를 범한 자가 동 법 제297조(강간) 내지 제299조(준강간, 준강제추행)의 죄를 범한 때에는 사형·무기 또는 10년 이상의 징역에 처한다. 〈개정 97. 8. 22.〉

제6조 【특수강간 등】 ① 흉기, 기타 위험한 물건을 휴대하거나 2인 이상이 합동하여 형법 제297조(강간)의 죄를 범한 자는 무기 또는 5년 이상의 징역에 처한다.
② 제1항의 방법으로 형법 제298조(강제추행)의 죄를 범한 자는 3년 이상의 유기징역에 처한다.
③ 제1항의 방법으로 형법 제299조(준강간, 준강제추행)의 죄를 범한 자는 제1항 또는 제2항의 예에 의한다. 〈개정 97. 8. 22.〉

④ 제1항의 방법으로 신체장애로 항거불능인 상태에 있음을 이용하여 여자를 간음하거나 사람에 대하여 추행한 자도 제1항 또는 제2항의 예에 의한다.

제7조 【친족관계에 의한 강간 등】 ① 친족관계에 있는 자가 형법 제297조(강간)의 죄를 범한 때에는 5년 이상의 유기징역에 처한다. 〈개정 97. 8. 22.〉
② 친족관계에 있는 자가 형법 제298조(강제추행)의 죄를 범한 때에는 3년 이상의 유기징역에 처한다. 〈개정 97. 8. 22.〉
③ 친족관계에 있는 자가 형법 제299조(준강간, 준강제추행)의 죄를 범한 때에는 제1항 또는 제2항의 예에 의한다. 〈개정 97. 8. 22.〉
④ 제1항 내지 제3항의 친족의 범위는 4촌 이내의 혈족과 2촌 이내의 인척으로 한다. 〈개정 97. 8. 22.〉
⑤ 제1항 내지 제3항의 친족은 사실상의 관계에 의한 친족을 포함한다. 〈신설 97. 8. 22.〉

제8조 【장애인에 대한 간음 등】 신체장애 또는 정신상의 장애로 항거불능인 상태에 있음을 이용하여 여자를 간음하거나 사람에 대하여 추행한 자는 형법 제297조(강간) 또는 제298조(강제추행)에 정한 형으로 처벌한다. 〈개정 97. 8. 22.〉

제8조의 2 【13세 미만의 미성년자에 대한 강간, 강제추행 등】 ① 13세 미만의 여자에 대하여 형법 제297조(강간)의 죄를 범한 자는 5년 이상의 유기징역에 처한다.
② 13세 미만의 사람에 대하여 형법 제298조(강제추행)의 죄를 범한 자는 1년 이상의 유기징역 또는 5백만원 이상 2천만원 이하의 벌금에 처한다.
③ 13세 미만의 사람에 대하여 형법 제299조(준강간, 준강제추행)의 죄를 범한 자는 제1항 또는 제2항의 예에 의한다.
④ 위계 또는 위력으로써 13세 미만의 여자를 간음하거나 13세 미만의 사람에 대하여 추행을 한 자는 제1항 또는 제2항의 예에 의한다. [본조신설 97. 8. 22.]

제9조 【강간 등 상해·치상】 ① 제5조 제1항, 제6조 또는 제12조(제5조 제1항 또는 제6조의 미수범에 한한다)의 죄를 범한 자가 사람을 상해하거나 상해에 이르게 한 때에는 무기 또는 7년 이상의 징역에 처한다. 〈개정 97. 8. 22.〉
② 제7조, 제8조 또는 제12조(제7조 또는 제8조의 미수범에 한한다)의 죄를 범한 자가 사람을 상해하거나 상해에 이르게 한 때에는 무기 또는 5년 이상의 징역에 처한다. 〈개정 97. 8. 22.〉

제10조 【강간 등 살인·치사】 ① 제5조 내지 제8조, 제12조(제5조 내지 제8조의 미수범에 한한다)의 죄 또는 형법 제297조(강간) 내지 제300조(미수범)의 죄를 범한 자가 사람을 살해한 때에는 사형 또는 무기징역에 처한다. 〈개정 97. 8. 22.〉
② 제6조 내지 제8조, 제12조(제6조 내지 제8조의 미수범에 한한다)의 죄를 범한 자가 사람을 사망에 이르게 한 때에는 무기 또는 10년 이상의 징역에 처한다. 〈개정 97. 8. 22.〉
③ 삭제 〈97. 8. 22.〉

제11조 【업무상위력 등에 의한 추행】 ① 업무·고용, 기타 관계로 인하여 자기의 보호 또는 감독을 받는 사람에 대하여 위계 또는 위력으로써 추행한 자는 2년 이하의 징역 또는 5백만원 이하의 벌금에 처한다.
② 법률에 의하여 구금된 사람을 감호하는 자가 그 사람을 추행한 때에는 3년 이하의 징역 또는 1천5백만원 이하의 벌금에 처한다.

제12조 【미수범】 제5조 내지 제10조 및 제14조의 2의 미수범은 처벌한다. 〈개정 97. 8. 22., 98. 12. 28.〉

제13조 【공중밀집 장소에서의 추행】 대중교통수단, 공연·집회장소, 기타 공중이 밀집하는 장소에서 사람을 추행한 자는 1년 이하의 징역 또는 3백만원 이하의 벌금에 처한다.

제14조 【통신매체 이용음란】 자기 또는 다른 사람의 성적 욕망을 유발하거나 만족시킬 목적으로 전화·우편·컴퓨터, 기타 통신매체를 통하여 성적 수치심이나 혐오감을 일으키는 말이나 음향, 글이나 도화, 영상 또는 물건을 상대방에게 도달하게 한 자는 1년 이하의 징역 또는 3백만원 이하의 벌금에 처한다.

제14조의 2 【카메라 등 이용촬영】 카메라, 기타 이와 유사한 기능을 갖춘 기계장치를 이용하여 성적 욕망 또는 수치심을 유발할 수 있는 타인의 신체를 그 의사에 반하여 촬영한 자는 5년 이하의 징역 또는 1천만원 이하의 벌금에 처한다.
[본조신설 98. 12. 28.]

제15조 【고 소】 제11조, 제13조 및 제14조의 죄는 고소가 있어야 공소를 제기할 수 있다. 〈개정 97. 8. 22.〉

제16조 【보호관찰 등】 ① 법원이 성폭력범죄를 범한 자에 대하여 형의 선고를 유예할 경우에는 1년 동안 보호관찰을 받을 것을 명할 수 있다. 다만, 성폭력범

죄를 범한 자가 소년인 경우에는 반드시 보호관찰을 명하여야 한다.
② 법원이 성폭력범죄를 범한 자에 대하여 형의 집행을 유예할 경우에는 그 집행유예기간 내에서 일정 기간 동안 보호관찰을 받을 것을 명하거나 사회봉사 또는 수강을 명할 수 있다. 이 경우 2 이상 병과할 수 있다. 다만, 성폭력범죄를 범한 자가 소년인 경우에는 반드시 보호관찰·사회봉사 또는 수강을 명하여야 한다. 〈개정 97. 8. 22.〉
③ 성폭력범죄를 범한 자로서 형의 집행중에 가석방된 자는 가석방기간 동안 보호관찰을 받는다. 다만, 가석방을 허가한 행정관청이 필요가 없다고 인정한 때에는 그러하지 아니하다.
④ 보호관찰·사회봉사 및 수강에 관하여 이 법에 정한 사항 이외의 사항에 관하여는 보호관찰등에관한법률을 준용한다. 〈개정 95. 1. 5., 97. 8. 22.〉

제17조 【보호감호】제5조 내지 제10조 및 제12조의 죄는 사회보호법 제5조(보호감호)의 별표에 규정된 죄로 본다. 〈개정 97. 8. 22.〉

제18조 【고소제한에 대한 예외】성폭력범죄에 대하여는 형사소송법 제224조(고소의 제한)의 규정에 불구하고 자기 또는 배우자의 직계존속을 고소할 수 있다.

제19조 【고소기간】① 성폭력범죄 중 친고죄에 대하여는 형사소송법 제230조(고소기간) 제1항의 규정에 불구하고 범인을 알게 된 날부터 1년을 경과하면 고소하지 못한다. 다만, 고소할 수 없는 불가항력의 사유가 있는 때에는 그 사유가 없어진 날부터 기산한다.
② 형사소송법 제230조(고소기간) 제2항의 규정은 제1항의 경우에 이를 준용한다.

제20조 【특정강력범죄의처벌에대한특례법의 준용】① 성폭력범죄에 대한 처벌절차에는 특정강력범죄의처벌에관한특례법 제7조(증인에 대한 신변안전조치), 제8조(출판물 등으로부터의 피해자보호), 제9조(소송진행의 협의), 제12조(간이공판절차의 결정) 및 제13조(판결선고)의 규정을 준용한다.
② 제5조, 제6조, 제9조, 제10조 및 제12조(제5조, 제6조, 제9조 및 제10조의 미수범에 한한다)의 죄는 특정강력범죄의처벌에관한특례법 제2조(적용범위) 제1항의 규정에 의한 특정강력범죄로 본다.

제21조 【피해자의 신원과 사생활 비밀누설금지】① 성폭력범죄의 수사 또는 재판을 담당하거나 이에 관여하는 공무원은 피해자의 주소·성명·연령·직

업·용모, 기타 피해자를 특정하여 파악할 수 있게 하는 인적사항과 사진 등을 공개하거나 타인에게 누설하여서는 아니된다.
② 제1항에 규정된 자는 성폭력범죄의 소추에 필요한 범죄구성사실을 제외한 피해자의 사생활에 관한 비밀을 공개하거나 타인에게 누설하여서는 아니된다.

　제22조 【심리의 비공개】 ① 성폭력범죄에 대한 심리는 그 피해자의 사생활을 보호하기 위하여 결정으로 이를 공개하지 아니할 수 있다.
② 증인으로 소환받은 성폭력범죄의 피해자와 그 가족은 사생활보호 등의 사유로 증인신문의 비공개를 신청할 수 있다.
③ 재판장은 제2항의 신청이 있는 때에는 그 허가 여부 및 공개, 법정 외의 장소에서의 신문 등 증인의 신문방식 및 장소에 관하여 결정할 수 있다.
④ 법원조직법 제57조(재판의 공개) 제2항 및 제3항의 규정은 제1항 및 제3항의 경우에 이를 준용한다.

　제22조의 2 【신뢰관계에 있는 자 등의 동석】 ① 법원은 제5조 내지 제9조와 제11조 및 제12조(제10조의 미수범을 제외한다)의 범죄의 피해자를 증인으로 신문하는 경우에는 검사 또는 피해자의 신청에 의하여 피해자와 신뢰관계에 있는 자를 동석하게 할 수 있다.
② 수사기관이 제1항의 피해자를 조사하는 경우에는 피해자의 신청에 의하여 피해자가 지정하는 자를 동석하게 할 수 있다.
[본조신설 97. 8. 22.]

　제22조의 3 【신고의무】 18세 미만의 사람을 보호하거나 교육 또는 치료하는 시설의 책임자 및 관련종사자는 자기의 보호 또는 감독을 받는 사람이 제5조 내지 제10조, 형법 제301조(강간 등 상해·치상) 및 제301조의 2(강간 등 살인·치사)의 범죄의 피해자인 사실을 안 때에는 즉시 수사기관에 신고하여야 한다.
[본조신설 97. 8. 22.]

　제22조의 4 【증거보전의 특례】 ① 피해자 또는 그 법정대리인은 피해자가 공판기일에 출석하여 증언하는 것이 현저히 곤란한 사정이 있는 때에는 그 사유를 소명하여 당해 성폭력범죄를 수사하는 검사에 대하여 형사소송법 제184조(증거보전의 청구와 그 절차) 제1항의 규정에 의한 증거보전의 청구를 할 것을 요청할 수 있다.
② 제1항의 요청을 받은 검사는 그 요청이 상당한 이유가 있다고 인정하는 때에는

증거보전의 청구를 할 수 있다.
[본조신설 97. 8. 22.]

제3장 성폭력피해상담소 등

제23조 【상담소의 설치】 ① 국가 또는 지방자치단체는 성폭력피해상담소(이하 '상담소'라 한다)를 설치·운영할 수 있다.
② 국가 또는 지방자치단체 외의 자가 상담소를 설치·운영하고자 할 때에는 특별시장·광역시장 또는 도지사(이하 '시·도지사'라 한다)에게 신고하여야 한다. 〈개정 97. 8. 22., 97. 12. 13.〉
③ 상담소의 설치기준과 신고 등에 관하여 필요한 사항은 보건복지부령으로 정한다. 〈개정 97. 8. 22.〉

제24조 【상담소의 업무】 상담소의 업무는 다음과 같다.
1. 성폭력피해를 신고받거나 이에 관한 상담에 응하는 일
2. 성폭력피해로 인하여 정상적인 가정생활 및 사회생활이 어렵거나 기타 사정으로 긴급히 보호를 필요로 하는 사람을 병원 또는 성폭력피해자보호시설로 데려다 주는 일
3. 가해자에 대한 고소와 피해배상청구 등 사법처리절차에 관하여 대한변호사협회·대한법률구조공단 등 관계기관에 필요한 협조와 지원을 요청하는 일
4. 성폭력범죄의 예방 및 방지를 위한 홍보를 하는 일
5. 기타 성폭력범죄 및 성폭력피해에 관하여 조사·연구하는 일

제25조 【보호시설의 설치】 ① 국가 또는 지방자치단체는 성폭력피해자보호시설(이하 '보호시설'이라 한다)을 설치·운영할 수 있다.
② 사회복지법인, 기타 비영리법인은 시·도지사에게 신고하고 보호시설을 설치·운영할 수 있다. 〈개정 97. 8. 22.〉
③ 보호시설의 설치기준과 신고 등에 관하여 필요한 사항은 보건복지부령으로 정한다. 〈개정 97. 8. 22.〉

제26조 【보호시설의 업무】 보호시설의 업무는 다음과 같다.
1. 제24조 각 호의 일
2. 성폭력피해자를 일시 보호하는 일
3. 성폭력피해자의 신체적·정신적 안정회복과 사회복귀를 돕는 일

4. 기타 성폭력피해자의 보호를 위하여 필요한 일

제27조 【상담소 또는 보호시설의 휴지 또는 폐지】제23조 제2항 또는 제25조 제2항의 규정에 의하여 설치한 상담소 또는 보호시설을 휴지 또는 폐지하고자 할 때에는 보건복지부령이 정하는 바에 따라 미리 시·도지사에게 신고하여야 한다. 〈개정 97. 8. 22.〉

제28조 【감 독】① 보건복지부장관 또는 시·도지사는 상담소 또는 보호시설의 장으로 하여금 당해 시설에 관하여 필요한 보고를 하게 할 수 있으며, 관계공무원으로 하여금 당해 시설의 운영상황을 조사하게 하거나 장부, 기타 서류를 검사하게 할 수 있다. 〈개정 97. 8. 22.〉
② 제1항의 규정에 의하여 관계공무원이 그 직무를 행하는 때에는 그 권한을 표시하는 증표를 지니고 이를 관계인에게 내보여야 한다.

제29조 【시설의 폐쇄 등】시·도지사는 상담소 또는 보호시설이 다음 각 호의 1에 해당하는 때에는 그 업무의 정지 또는 폐지를 명하거나 시설을 폐쇄할 수 있다. 〈개정 97. 8. 22.〉
1. 제23조 제3항 또는 제25조 제3항의 규정에 의한 설치기준에 미달하게 된 때
2. 정당한 사유 없이 제28조 제1항의 규정에 의한 보고를 하지 아니하거나 허위로 보고한 때 또는 조사·검사를 거부하거나 기피한 때

제29조의 2 【청 문】시·도지사는 제29조의 규정에 의하여 업무의 폐지를 명하거나 시설을 폐쇄하고자 하는 경우에는 청문을 실시하여야 한다.
[본조신설 97. 12. 13.]

제30조 【경비의 보조】국가 또는 지방자치단체는 제23조 제2항 또는 제25조 제2항의 규정에 의하여 설치한 상담소 또는 보호시설의 설치·운영에 소요되는 경비를 보조할 수 있다.

제31조 【비밀엄수의 의무】상담소 또는 보호시설의 장이나 이를 보조하는 자 또는 그 직에 있었던 자는 그 직무상 알게 된 비밀을 누설하여서는 아니된다.

제32조 【유사명칭 사용금지】이 법에 의한 상담소 또는 보호시설이 아니면 성폭력피해상담소·성폭력피해자보호시설 또는 이와 유사한 명칭을 사용하지 못한다.

제33조 【의료보호】① 보건복지부장관 또는 시·도지사는 국·공립병원·보건소 또는 민간의료시설을 성폭력피해자의 치료를 위한 전담의료기관으로 지정

할 수 있다. 〈개정 97. 8. 22.〉
② 제1항의 규정에 의하여 지정된 전담의료기관은 상담소 또는 보호시설의 장의 요청이 있을 경우에는 다음 각 호의 의료 등을 제공하여야 한다.
1. 성폭력피해자의 보건상담 및 지도
2. 성폭력피해의 치료
3. 기타 대통령령이 정하는 신체적·정신적 치료
　제34조【권한의 위임】보건복지부장관과 시·도지사는 이 법에 의한 권한의 일부를 시·도지사 또는 시장·군수·구청장에게 위임할 수 있다. 〈개정 97. 8. 22.〉

제4장 벌 칙

　제35조【벌 칙】다음 각 호의 1에 해당하는 자는 2년 이하의 징역 또는 5백만원 이하의 벌금에 처한다. 〈개정 97. 8. 22.〉
1. 영리를 목적으로 이 법에 의한 상담소 또는 보호시설을 설치·운영한 자
2. 제21조 또는 제31조의 규정에 의한 비밀엄수의무를 위반한 자
3. 제29조의 규정에 의한 시설의 폐쇄, 업무의 휴지 또는 폐지명령을 받고도 상담소 또는 보호시설을 계속 운영한 자
　제36조【과태료】① 다음 각 호의 1에 해당하는 자는 3백만원 이하의 과태료에 처한다.
1. 정당한 사유없이 제28조 제1항의 규정에 의한 보고를 하지 아니하거나 허위로 보고한 자 또는 조사·검사를 거부하거나 기피한 자
2. 제32조의 규정에 의한 유사명칭 사용금지를 위반한 자
② 제1항의 규정에 의한 과태료는 대통령령이 정하는 바에 의하여 보건복지부장관 또는 시·도지사가 부과·징수한다. 〈개정 97. 8. 22.〉
③ 제2항의 규정에 의한 과태료처분에 불복이 있는 자는 그 처분의 고지를 받은 날부터 30일 이내에 보건복지부장관 또는 시·도지사에게 이의를 제기할 수 있다. 〈개정 97. 8. 22.〉
④ 제2항의 규정에 의한 과태료처분을 받은 자가 제3항의 규정에 의한 이의를 제기한 때에는 보건복지부장관 또는 시·도지사는 지체없이 관할법원에 그 사유를 통보하여야 하며, 그 통보를 받은 관할법원은 비송사건절차법에 의한 과태료의 재

판을 한다. 〈개정 97. 8. 22.〉
⑤ 제3항의 규정에 의한 기간 내에 이의를 제기하지 아니하고 과태료를 납부하지 아니한 때에는 국세 또는 지방세체납처분의 예에 의하여 이를 징수한다.

제37조 【양벌규정】 법인의 대표자, 법인 또는 개인의 대리인·사용인, 기타 종업원이 그 법인 또는 개인의 업무에 관하여 제14조의 2 또는 제35조의 위반행위를 한 때에는 행위자를 벌하는 외에 그 법인 또는 개인에 대하여도 각 해당 조의 벌금형을 과한다. 〈개정 97. 8. 22., 98. 12. 28.〉

부 칙(중략)
부 칙 〈1998. 12. 28.〉
이 법은 공포한 날부터 시행한다.

성폭력범죄의처벌및피해자보호등에관한법률시행령

제정 94. 7. 20. 대통령령 제14332호

개정 1994. 12. 23. 대통령령 제14446호   개정 1997. 12. 31. 대통령령 제15598호
개정 1999. 4. 24. 대통령령 제16262호   개정 1999. 10. 20. 대통령령 제16581호

제1조 【목 적】 이 영은 성폭력범죄의처벌및피해자보호등에관한법률(이하 '법' 이라 한다)에서 위임된 사항과 그 시행에 관하여 필요한 사항을 규정함을 목적으로 한다.

제1조의 2 【교육계획의 수립 등】 ① 관계 중앙행정기관의 장 및 특별시장·광역시장 또는 도지사(이하 '시·도지사' 라 한다)는 법 제3조 제3항의 규정에 의하여 매년 청소년에 대한 성교육 및 성폭력예방에 필요한 교육에 관한 계획을 수립·시행하여야 한다.
② 제1항의 규정에 의한 교육계획에는 다음 각 호의 사항이 포함되어야 한다.
1. 성교육 및 성폭력예방교육의 대상
2. 성교육 및 성폭력예방교육의 내용 및 방법
3. 기타 성교육 및 성폭력예방교육에 관하여 필요한 사항
③ 관계 중앙행정기관의 장 및 시·도지사는 청소년에 대한 성교육 및 성폭력예방교육에 필요한 자료의 제공을 관계 기관 및 단체에게 요청할 수 있다. [본조신설 99. 10. 20.]

제2조 【경비보조의 부담】 법 제30조의 규정에 의하여 국가와 지방자치단체는 법 제23조 제2항 또는 법 제25조 제2항의 규정에 의하여 설치되는 성폭력피해상담소(이하 '상담소' 라 한다) 또는 성폭력피해자보호시설(이하 '보호시설' 이라 한다)의 설치·운영에 소요되는 경비를 예산의 범위 안에서 보조할 수 있다.

제3조 【기타 치료의 범위】 법 제33조 제2항 제3호에서 '대통령령이 정하는 신체적·정신적 치료' 의 범위는 다음 각호와 같다.
1. 성병감염 여부의 검사 및 감염성병의 치료
2. 임신 여부의 검사
3. 성폭력피해로 인한 정신질환의 치료

제4조 【권한의 위임】 법 제34조의 규정에 의하여 시·도지사는 다음 각호의 권한을 시장·군수·구청장에게 위임한다. 〈개정 97. 12. 31., 99. 4. 24., 99. 10. 20.〉
1. 법 제23조 제2항의 규정에 의한 상담소의 설치 신고의 접수
2. 법 제25조 제2항의 규정에 의한 보호시설의 설치신고
3. 법 제27조의 규정에 의한 상담소 또는 보호시설의 휴지 또는 폐지신고
3의2. 법 제28조의 규정에 의한 상담소 및 보호시설에 대한 감독
4. 법 제29조의 규정에 의한 시설의 폐쇄 등
4의2. 법 제29조의 2의 규정에 의한 청문
5. 법 제33조 제1항의 규정에 의한 전담의료기관의 지정
6. 법 제36조 제2항의 규정에 의한 과태료의 부과·징수

제5조 【과태료의 부과】 ① 보건복지부장관 또는 시·도지사가 법 제36조 제2항의 규정에 의하여 과태료를 부과하고자 할 때에는 당해 위반행위를 조사·확인한 후 위반사실·과태료부과금액·이의방법 및 이의기간 등을 서면으로 명시하여 이를 납부할 것을 과태료처분대상자에게 통지하여야 한다. 〈개정 94. 12. 23.〉
② 보건복지부장관 또는 시·도지사는 제1항의 규정에 의하여 과태료를 부과하고자 할 때에는 10일 이상의 기간을 정하여 과태료처분대상자에게 구술 또는 서면에 의한 의견진술의 기회를 주어야 한다. 이 경우 지정된 기일까지 의견진술이 없을 때에는 의견이 없는 것으로 본다. 〈개정 94. 12. 23.〉
③ 보건복지부장관 또는 시·도지사는 과태료의 금액을 정함에 있어서는 당해 위반행위의 동기와 그 결과 등을 참작하여야 한다. 〈개정 94. 12. 23.〉
④ 과태료의 부과기준 및 징수절차는 보건복지부령으로 정한다. 〈개정 94. 12. 23.〉

부 칙 (중략)
부 칙 〈1999. 10. 20.〉
이 영은 공포한 날부터 시행한다.

성폭력범죄의처벌및피해자보호등에관한법률시행규칙

제정 1994. 8. 25 보건사회부령 제941호

제1조 【목 적】 이 규칙은 성폭력범죄의처벌및피해자보호등에관한법률(이하 '법'이라 한다) 및 동 법 시행령(이하 '영'이라 한다)에서 위임된 사항과 그 시행에 관하여 필요한 사항을 규정함을 목적으로 한다.
제2조 【상담소의 설치신고】 ① 법 제23조 제2항의 규정에 의하여 성폭력피해상담소(이하 '상담소'라 한다)의 설치신고를 하고자 하는 자는 별지 제1호 서식에 의한 상담소설치신고서에 다음 각 호의 서류를 첨부하여 시장・군수・구청장(자치구의 구청장에 한한다. 이하 같다)에게 제출하여야 한다.
1. 정관(법인의 경우에 한한다) 1부
2. 재산목록(소유 또는 사용할 수 있는 권리를 증명하는 서류를 첨부하여야 한다) 1부
3. 법인등기부 등본(법인의 경우에 한한다) 1부
4. 상담소설치의결서(법인의 경우에 한한다) 1부
5. 사업계획서 및 수지예산서 각 1부
6. 재산의 평가조서 및 재산수익조서 각 1부
7. 상담소의 평면도 1부
8. 상담소에 종사할 직원의 명단과 자격증 사본 각 1부
② 시장・군수・구청장이 제1항의 규정에 의한 상담소의 설치신고를 수리한 때에는 별지 제2호 서식에 의한 상담소설치신고필증을 신고인에게 교부하여야 한다.
③ 제2항의 규정에 의하여 상담소설치신고를 마친 자가 상담소의 소재지, 명칭 또는 상담소장을 변경하고자 하는 때에는 별지 제3호 서식에 의한 변경신고서에 다음 각 호의 서류를 첨부하여 시장・군수・구청장에게 제출하여야 한다.
1. 상담소의 소재지, 명칭 또는 상담소장의 변경의결서(개인의 경우에는 변경사유서를 말한다) 1부
2. 재산목록(소유 또는 사용할 수 있는 권리를 증명하는 서류를 첨부하여야 한다) 1부
3. 사업계획서 및 예산서(소재지의 변경에 한한다) 1부

4. 상담소신고필증

제3조 【상담소의 설치기준】 법 제23조 제3항의 규정에 의한 상담소의 설치기준은 별표 1과 같다.

제4조 【보호시설의 설치허가】 ① 법 제25조 제2항의 규정에 의하여 성폭력피해보호시설(이하 '보호시설' 이라 한다)의 설치허가를 받고자 하는 자는 별지 제4호 서식에 의한 보호시설설치허가신청서에 다음 각 호의 서류를 첨부하여 시장·군수·구청장에게 제출하여야 한다.
1. 정관 1부
2. 재산목록(소유 또는 사용할 수 있는 권리를 증명하는 서류를 첨부하여야 한다) 1부
3. 법인등기부 등본 1부
4. 보호시설의 설치의결서 1부
5. 사업계획서 및 수지예산서 각 1부
6. 재산의 평가조서 및 재산수익조서 각 1부
7. 보호시설의 평면도 1부
8. 보호시설에 종사할 직원의 명단과 자격증 사본 각 1부
② 시장·군수·구청장이 제1항의 규정에 의한 보호시설의 설치를 허가한 때에는 별지 제5호 서식에 의한 보호시설설치허가증을 신청인에게 교부하여야 한다.
③ 제2항의 규정에 의하여 보호시설의 설치허가를 받은 자가 보호시설의 소재지, 명칭, 시설의 장 또는 입소정원을 변경하고자 할 때에는 별지 제6호 서식 또는 별지 제7호 서식에 의한 변경신청서에 각각 다음 각 호의 서류를 첨부하여 시장·군수·구청장에게 제출하여야 한다.
1. 보호시설의 소재지, 명칭 또는 시설의 장의 변경의결서(보호시설의 소재지, 명칭 또는 시설의 장의 변경에 한한다) 1부
2. 입소정원의 변경의결서(입소정원의 변경에 한한다) 1부
3. 입소자조치 계획서(입소정원의 변경에 한한다) 1부
4. 재산목록(소유 또는 사용할 수 있는 권리를 증명하는 서류를 첨부하여야 하며 보호시설의 소재지 및 입소정원의 변경에 한한다) 1부
5. 사업계획서 및 예산서(소재지 또는 입소정원의 변경에 한한다) 각 1부
6. 재산의 평가조서 및 재산수익조서(보호시설의 소재지 및 입소정원의 변경에 한

한다) 각 1부
7. 보호시설설치허가증

제5조 【보호시설의 설치기준】 법 제25조 제3항의 규정에 의한 보호시설의 설치기준은 별표 2와 같다.

제6조 【상담소 또는 보호시설의 휴지 · 폐지 신고】 법 제27조의 규정에 의한 상담소 또는 보호시설을 휴지 또는 폐지하고자 할 때에는 별지 제8호 서식에 의한 휴지 또는 폐지신고서에 다음 각 호의 서류를 첨부하여 시장 · 군수 · 구청장에게 제출하여야 한다.
1. 상담소 또는 보호시설의 휴지 또는 폐지 의결서(법인의 경우에 한한다) 1부
2. 입소자조치 계획서(보호시설의 경우에 한한다) 1부
3. 상담소 또는 보호시설의 재산에 관한 사용 또는 처분계획서(법인의 경우에 한한다) 1부
4. 상담소의 신고필증 또는 보호시설의 허가증(폐지의 경우에 한한다)

제7조 【행정처분의 기준】 법 제29조의 규정에 의한 상담소 또는 보호시설에 대한 행정처분의 기준은 별표 3과 같다.

제8조 【청 문】 ① 시장 · 군수 · 구청장은 법 제29조의 규정에 의한 처분을 하고자 할 때에는 청문을 행하여야 한다.
② 제1항의 규정에 의하여 청문을 하고자 하는 때에는 청문일 7일 전까지 처분의 상대방 또는 그 대리인에게 서면으로 청문의 사유 · 일시 및 장소 등을 통지하여야 한다.
③ 제2항의 규정에 의하여 통지를 받은 처분의 상대방 또는 그 대리인은 지정된 일시에 출석하여 의견을 진술하거나 서면으로 의견을 제출할 수 있다.
④ 제3항의 규정에 의하여 처분의 상대방 또는 그 대리인이 출석하여 의견을 진술한 때에는 관계공무원은 그 내용을 서면으로 작성하여 출석한 자로 하여금 이를 확인한 후 서명 또는 날인하게 하여야 한다.
⑤ 제2항의 규정에 의한 통지에는 정당한 사유없이 이에 응하지 아니하는 경우에는 의견진술의 의사가 없는 것으로 본다는 뜻을 명시하여야 한다.

제9조 【보호시설의 입소대상】 ① 보호시설의 입소대상은 법 제2조 제1항의 규정에 의한 성폭력범죄의 피해자로서 다음 각호의 1에 해당하는 경우로 한다.
1. 본인이 희망하는 경우

2. 미성년자로서 보호자의 입소동의가 있는 경우
3. 기타 근친상간 피해자, 정신지체인, 정신질환자, 사회복지시설의 수용자 등으로서 성폭력피해에 관하여 상담하는 직원(이하 '상담원'이라 한다)의 상담결과 보호자의 입소동의를 받게 하는 것이 적절하지 못하다고 인정되는 경우
② 보호시설의 장은 제1항 제3호에 해당하는 자에 대하여 관할 시장·군수·구청장의 승인을 얻어 입소시켜야 한다.

제10조 【퇴 소】 보호시설의 장은 입소자가 다음 각호의 1에 해당하는 때에는 퇴소시켜야 한다.
1. 보호의 목적이 달성된 자
2. 제12조의 규정에 의한 보호기간이 만료된 자
3. 퇴소를 희망하는 자
4. 사위, 기타 부정한 방법으로 입소한 자

제11조 【상담 및 보호】 ① 상담소 및 보호시설의 장은 상담 요구자와 입소자의 특성 등을 감안하여 상담계획을 수립·실시하고 별지 제9호 서식에 의한 상담기록표에 상담내용을 기록·유지하여야 한다.
② 보호시설의 장은 입소한 자의 심신의 안정과 신변보호를 위하여 노력하여야 한다.

제12조 【보호의 기간】 법 제26조 제2호의 규정에 의하여 보호시설에 입소한 자의 보호기간은 6개월 이내로 한다. 다만, 보호시설의 장은 입소한 자의 보호를 위하여 필요하다고 인정하는 경우에는 시장·군수·구청장의 승인을 얻어 1회에 한하여 1개월의 범위 안에서 연장할 수 있다.

제13조 【의료기관 지정의 공고 등】 ① 시장·군수·구청장은 법 제33조 제1항의 규정에 의하여 성폭력피해자의 치료를 위한 전담의료기관(이하 '전담의료기관'이라 한다)을 지정한 때에는 별지 제10호 서식에 의한 전담의료기관지정서를 지정된 국·공립병원 또는 보건소에 교부하여야 한다.
② 시장·군수·구청장은 제1항의 규정에 의하여 전담의료기관을 지정한 때에는 지체없이 전담의료기관의 명칭·소재지·대표자의 성명 및 진료과목을 공고하여야 하며 별지 제11호 서식에 의하여 공고일부터 30일 이내에 지정현황을 특별시장·직할시장·도지사(이하 '시·도지사'라 한다)를 거쳐 보건복지부 장관에게 보고하여야 한다.

제14조 【과태료의 부과기준 및 징수절차】 ① 영 제5조 제4항의 규정에 의한 과태료의 부과기준은 별표 4와 같다.
② 영 제5조 제4항의 규정에 의한 과태료의 징수절차에 관하여는 세입징수관사무처리규칙을 준용한다. 이 경우 납입고지서에는 이의방법 및 이의기간을 함께 기재하여야 한다.

제15조 【보 고】 상담소 및 보호시설의 장은 별지 제12호 서식에 의한 성폭력피해자상담 및 보호시설운영실적을 시장·군수·구청장 및 시·도지사를 거쳐 매년 1월 15일까지 보건복지부장관에게 보고하여야 한다.

부 칙

① (시행일) 이 규칙은 공포한 날부터 시행한다.
② (상담소에 관한 경과조치) 이 규칙 시행당시 지방자치단체에 설치된 부녀상담소와 여성회관의 상담실은 이 법에 의한 상담소로 본다
③ (상담원의 교육에 관한 경과조치) 이 규칙 시행당시 한국여성개발원과 성폭력특별법제정추진특별위원회의 회원단체에서 실시한 성폭력상담교육을 이수한 자는 별표 1의 상담원의 자격기준에 필요한 교육을 이수한 것으로 본다.

특정강력범죄의처벌에관한특례법

제정 1990. 12. 31. 법률 제4295호

개정 1993. 12. 10. 법률 제4590호

제1조 【목 적】 이 법은 기본적 윤리와 사회질서를 침해하는 특정강력범죄에 대한 처벌과 절차에 관한 특례를 규정함으로써 국민의 생명과 신체의 안전을 보장하고 범죄로부터 사회를 방위함을 목적으로 한다.

제2조 【적용범위】 ① 이 법에서 '특정강력범죄'라 함은 다음 각 호의 1에 해당하는 죄를 말한다.
1. 형법 제24장의 살인의 죄 중 제250조(살인, 존속살해), 제253조(위계 등에 의한 촉탁살인 등), 제254조(미수범. 다만, 제251조 및 제252조의 미수범을 제외한다.)
2. 형법 제31장의 약취와 유인의 죄 중 제287조(미성년자의 약취·유인), 제288조(영리 등을 위한 위한 약취·유인, 매매 등), 제289조(국외 이송을 위한 약취·유인, 매매), 제293조(상습범), 제294조(미수범. 다만, 제291조 및 제292조의 미수범은 제외한다.)
3. 형법 제32장의 정조에 관한 죄 중 흉기, 기타 위험한 물건을 휴대하거나 2인 이상이 합동하여 범한 제297조(준강간, 준강제추행), 제300조(미수범), 제305조(미성년자에 대한 간음, 추행)의 죄 및 제301조(강간 등에 의한 치사상)의 죄
4. 형법 제38장의 강도의 죄 중 제333조(강도), 제334조(특수강도), 제335조(준강도), 제336조(약취강도), 제337조(강도상해, 치상), 제338조(강도살인, 치사), 제339조(강도강간), 제340조(해상강도), 제341조(상습범), 제342조(미수범. 다만, 제329조 내지 제332조의 미수범을 제외한다.)
5. 폭력행위등처벌에관한법률 제4조(단체 등의 구성, 활동), 특정범죄가중처벌등에관한법률 제5조의 8(단체 등의 조직)
② 제1항의 각 호의 범죄로서 다른 법률에 의하여 가중처벌하는 죄는 특정강력범죄로 본다.

제3조 【누범의 형】 특정강력범죄로 형을 받아 집행을 종료하거나 면제받은 후 3년 이내에 다시 특정강력범죄를 범한 때에는 그 죄에 정한 형의 장기 및 단기

의 두 배까지 가중한다.

제4조 【소년에 대한 형】 ① 특정강력범죄를 범한 때 18세 미만인 소년에 대하여 사형 또는 무기형으로 처할 것인 때에는 소년법 제59조의 규정에 불구하고 20년의 유기징역으로 한다.

② 특정강력범죄를 범한 소년에 대하여 부정기형을 선고할 때에는 소년법 제60조제1항 단서의 규정에 불구하고 장기는 15년, 단기는 7년을 초과하지 못한다.

제5조 【집행유예의 결격기간】 특정강력범죄로 형의 선고를 받아 그 집행을 종료하거나 면제받은 후 10년을 경과하지 아니한 자가 다시 특정강력범죄를 범한 때에는 형의 집행을 유예하지 못한다.

제6조 【보석 등의 취소】 법원은 특정강력범죄 사건의 피고인이 피해자, 기타 사건의 재판에 필요한 사실을 알고 있다고 인정되는 자 또는 그 친족의 생명, 신체나 재산에 해를 가하거나 가할 염려가 있다고 믿을 만한 충분한 이유가 있은 때에는 직권 또는 검사의 청구에 의하여 결정으로 보석 또는 구속의 집행정지를 취소할 수 있다.

제7조 【증인에 대한 신변안전조치】 ① 검사는 특정강력범죄사건의 증인이 피고인 기타의 사람으로부터 생명·신체에 해를 받거나 받을 염려가 있다고 인정되는 때에는 관할경찰서장에게 증인의 신변안전을 위하여 필요한 조치를 할 것을 요청하여야 한다.

② 증인은 검사에게 제1항의 조치를 취하도록 청구할 수 있다.

③ 재판장은 검사에게 제1항의 조치를 취하도록 요청할 수 있다.

④ 제1항의 요청을 받은 관할경찰서장은 즉시 증인의 신변안전에 필요한 조치를 하고 이를 검사에게 통보하여야 한다.

제8조 【출판물등으로부터의 피해자 보호】 특정강력범죄중 제2조 제1항제2호 내지 제5호 및 제2항(다만, 제1항제1호를 제외한다)에 규정된 범죄로 수사 또는 심리중에 있는 사건의 피해자나 특정강력범죄로 수사 또는 심리중에 있는 사건을 신고하거나 고발한 자에 대하여는 성명, 연령, 주소, 직업, 용모등에 의하여 그가 피해자 또는 신고하거나 고발한 자임을 미루어 알 수 있는 정도의 사실이나 사진을 신문지 기타 출판물에 게재하거나 방송 또는 유선방송하지 못한다. 다만, 피해자, 신고하거나 고발한 자 또는 그 법정대리인(피해자, 신고 또는 고발한 자가 사망한 경우에는 그 배우자, 직계친족 또는 형제자매)이 명시적으로 동의한 경우에

는 그러하지 아니하다.

제9조 【소송진행의 협의】 ① 법원은 특정강력범죄에 관하여 검사 및 변호인과 공판기일의 지정 기타 소송의 진행에 필요한 사항을 협의할 수 있다.
② 그 협의는 소송진행에 필요한 최소한에 그쳐야 하며, 판결에 영향을 주어서는 아니된다.
③ 특정강력범죄에 관하여 증거서류 또는 증거물의 조사를 청구하는 경우에는 상대방에게 미리 열람할 기회를 주어야 한다. 다만, 상대방이 이의하지 아니하는 경우에는 그러하지 아니하다.

제10조 【집중심리】 ① 법원은 특정강력범죄사건의 심리에 2일이상이 소요되는 때에는 가능한 한 매일 계속 개정하여 집중심리를 하여야 한다.
② 재판장은 특별한 사정이 없는 한 전의 공판기일로부터 7일이내로 다음 공판기일을 지정하여야 한다.
③ 재판장은 소송관계인이 공판기일을 준수하도록 요청하여야 하며, 이에 필요한 조치를 행할 수 있다.

제11조 【공판정에서의 신체구속】 재판장은 특정강력범죄로 공소제기된 피고인이 폭력을 행사하거나 도망할 염려가 있다고 인정하는 때에는 공판정에서 피고인의 신체를 구속할 것을 명하거나 기타 필요한 조치를 할 수 있다.

제12조 【간이공판절차의 결정】 ① 특정강력범죄의 피고인이 공판정에서 공소사실을 자백한 때에는 법원은 간이공판절차에 의하여 심판할 것을 결정할 수 있다. 특정강력범죄와 다른 죄가 병합된 경우에도 같다.
② 제1항의 결정이 있는 사건에 대하여는 형사소송법 제286조의3, 제297조의2, 제301조의2, 제318조의3의 규정을 준용한다.

제13조 【판결선고】 법원은 특정강력범죄사건에 관하여 변론을 종결한 때에는 신속하게 판결을 선고하여야 한다. 복잡한 사건이나 기타 특별한 사정이 있는 경우에도 판결의 선고는 변론종결일부터 14일을 초과하지 못한다.

부 칙

① (시행일) 이 법은 1991년 1월 1일부터 시행한다.
② (벌칙에 관한 경과조치) 제2조 내지 제5조의 규정은 이 법 시행전에 범한 죄에는 이를 적용하지 아니한다. 1개의 죄가 이 법 시행전후에 걸쳐서 행하여진 때에는

이 법 시행전에 범한 것으로 본다.
③ (벌칙에 관한 경과조치) 제6조 내지 제13조의 규정은 이 법 시행전에 공소가 제기된 사건에 대하여는 이를 적용하지 아니한다.

 부　칙 〈93.12.10〉
① (시행일) 이 법은 공포한 날부터 시행한다.
② 및 ③생략

윤락행위등방지법

제정 1995. 1. 5. 법률 제4911호

개정 1997. 8. 22. 법률 제5358호 개정 1997. 12. 13. 법률 제5453호
개정 1997. 12. 13. 법률 제5454호 개정 1999. 2. 8. 법률 제5847호

제1장 총 칙

제1조 【목 적】 이 법은 선량한 풍속을 해치는 윤락행위를 방지하고 윤락행위를 하거나 할 우려가 있는 자를 선도함을 목적으로 한다.

제2조 【정 의】 이 법에서 사용하는 용어의 정의는 다음과 같다.
1. '윤락행위'라 함은 불특정인을 상대로 하여 금품, 기타 재산상의 이익을 받거나 받을 것을 약속하고 성행위를 하는 것을 말한다.
2. '요보호자'라 함은 윤락행위의 상습이 있는 자와 환경과 성행으로 보아 윤락행위를 하게 될 현저한 우려가 있는 자를 말한다.

제3조 【적용상 유의사항】 이 법을 해석·적용함에 있어서는 국민의 권리가 부당하게 침해되는 일이 없도록 하여야 한다.

제4조 【금지행위】 누구든지 다음 각 호의 1에 해당하는 행위를 하여서는 아니된다.
1. 윤락행위
2. 윤락행위의 상대자가 되는 행위
3. 윤락행위를 하도록 권유·유인·알선 또는 강요하거나 그 상대자가 되도록 권유·유인·알선 또는 강요하는 행위
4. 윤락행위의 장소를 제공하는 행위
5. 윤락행위를 한 자 또는 윤락행위의 상대자에게 금품, 기타 재산상의 이익을 요구하거나, 받거나 또는 받을 것을 약속하는 행위

제5조 【국가 등의 책임】 국가 및 지방자치단체는 윤락행위의 방지와 요보호자의 건전한 사회복귀에 필요한 조치를 취하여야 한다.

제6조 【비밀보장】 이 법 기타 다른 법령의 규정에 의하여 허용되는 경우를 제외하고는 제11조의 규정에 의한 요보호자를 위한 복지시설 또는 제14조의 규정에

의한 여성복지상담소에 종사하는 자는 그 업무처리중 알게 된 윤락행위를 한 자 또는 그 상대자에 관한 사실을 누설하여서는 아니된다.
　제7조 삭제 〈99. 2. 8.〉

제2장 선도보호

　제8조 【보호처분】 ① 소년부판사는 소년법 제32조 제1항의 규정에 의하여 윤락행위를 한 20세 미만의 자에 대하여 보호처분을 할 필요가 있다고 인정할 때에는 동 항 각 호의 규정에 불구하고 제11조 제2호의 규정에 의한 선도보호시설에 선도보호를 위탁하는 처분을 할 수 있다.
② 제1항의 규정에 의한 위탁의 기간은 6개월로 하되, 소년부판사는 결정으로써 6개월의 범위 안에서 1차에 한하여 그 기간을 연장할 수 있다. 다만, 소년부판사는 필요한 경우 언제든지 결정으로써 그 위탁을 종료할 수 있다.
③ 제1항의 규정에 의한 처분의 경우에는 소년법 중 보호사건에 관한 규정(제33조의 규정을 제외한다)을 준용한다.
　제9조 【선도보호조치】 ① 특별시장·광역시장 또는 도지사(이하 '시·도지사'라 한다)는 요보호자 중 제11조 제1호의 규정에 의한 일시보호소 및 제11조 제2호의 규정에 의한 선도보호시설에 입소를 하고자 하는 자에 대하여는 여성복지상담원의 상담에 따라 일시보호소 및 선도보호시설에 입소시켜 선도보호하는 조치를 취할 수 있다. 〈개정 99. 2. 8.〉
② 제1항의 경우 요보호자가 20세 미만의 자로서 법정대리인이 있는 경우에는 그 동의가 있어야 한다. 다만, 법정대리인의 소재를 알 수 없는 등 동의를 얻기가 어려운 사정이 있는 때에는 그 법정대리인이 서면으로 제11조 제1호의 규정에 의한 일시보호소 및 제11조 제2호의 규정에 의한 선도보호시설의 퇴소를 요청할 때까지 본인의 동의로서 그 법정대리인의 동의에 갈음한다.
③ 제1항의 규정에 의한 선도보호시설에서의 선도보호기간은 1년의 범위 내에서 교육과정에 따라 대통령령이 정하는 기간으로 한다.
④ 제1항의 규정에 의한 선도보호조치를 받은 자는 이를 이유로 하여 신분상 불이익을 받지 아니한다.
⑤ 제1항의 규정에 의한 선도보호시설의 입소 및 퇴소의 기준과 그 절차에 관한 사항은 보건복지부령으로 정한다. 〈개정 97. 12. 13.〉

제10조【선도보호의 내용】제8조 제1항 및 제9조 제1항의 규정에 의한 선도보호의 내용은 다음과 같다. 〈개정 97. 12. 13.〉
1. 상담 및 치료
2. 개인의 정서안정과 인격향상을 위한 교육
3. 사회적응에 필요한 기술교육 및 취업안내
4. 의료보호 · 건강관리 및 생활지도
5. 기타 선도목적을 달성하기 위하여 필요하다고 보건복지부령이 정하는 사항

제3장 요보호자를 위한 복지시설 및 여성복지상담소

제11조【시설의 종류】① 요보호자를 위한 복지시설(이하 '시설'이라 한다)의 종류는 다음 각 호와 같다.
1. 일시보호소 : 요보호자에 대한 일시보호와 상담을 행하는 시설
2. 선도보호시설 : 제8조 제1항의 규정에 의한 보호처분에 의하여 위탁된 자를 대상으로 선도보호를 행하는 시설과 제9조 제1항의 규정에 의한 선도보호조치에 의하여 입소한 자를 대상으로 선도보호를 행하는 시설
3. 자립자활시설 : 요보호자 또는 선도보호시설에서 퇴소한 자 중 사회적응이 곤란하거나 거주할 곳이 없는 자로서 본인이 희망하는 경우 6개월의 범위 내에서 숙식 · 직업알선 등을 제공하여 사회적응을 용이하게 하는 시설
② 제1항의 규정에 의한 시설의 구체적인 업무범위는 대통령령으로 정한다. 〈신설 99. 2. 8.〉

제12조【시설의 설치】① 국가 또는 지방자치단체는 요보호자의 건전한 사회복귀를 위하여 시설을 설치할 수 있다.
② 국가 또는 지방자치단체 외의 자가 시설을 설치 · 운영하고자 하는 때에는 시장 · 군수 · 구청장(자치구의 구청장에 한한다. 이하 같다)에게 신고하여야 한다. 〈개정 99. 2. 8.〉
③ 제1항 및 제2항의 규정에 의한 시설의 설치기준, 종사자의 자격기준 및 수와 신고절차 등에 관하여 필요한 사항은 보건복지부령으로 정한다. 〈개정 97. 8. 22., 97. 12. 13., 99. 2. 8.〉

제13조【시설의 운영】① 시설의 장은 요보호자의 건전한 가치관과 자립갱생의 능력을 함양시키고, 사회적응능력을 배양시킬 수 있는 상담 · 훈련 등 적절한

지원을 하여야 한다.
② 시설의 장은 요보호자의 건강관리를 위하여 입소 후 1개월 이내에 건강진단을 실시하고, 건강에 이상이 발견된 경우에는 의료보호법에 의한 의료보호 등 필요한 조치를 취하여야 한다.
③ 시설의 장은 요보호자를 선도보호함에 있어 이들의 인권을 최대한 보장하여야 한다.
④ 기타 시설의 운영방법 및 운영기준 등에 관하여 필요한 사항은 보건복지부령으로 정한다. 〈개정 97. 12. 13., 99. 2. 8.〉

제13조의 2 【시설에의 우선보호조치】 시설의 장은 경찰관서 등 관계행정기관의 장으로부터 시설입소를 원하는 요보호자의 입소의뢰를 받은 때에는 보건복지부령이 정하는 바에 의하여 다른 입소대상자에 우선하여 보호조치를 취하고, 지체없이 그 사유를 시장·군수·구청장에게 보고하여야 한다.
[본조신설 99. 2. 8.]

제14조 【여성복지상담소의 설치】 ① 시·도지사 또는 시장·군수·구청장은 요보호자의 상담을 통한 선도를 하기 위하여 여성복지상담소(이하 '상담소'라 한다)를 설치할 수 있다.
② 국가 또는 지방자치단체 외의 자가 상담소를 설치·운영하고자 하는 때에는 시장·군수·구청장에게 신고하여야 한다. 〈개정 99. 2. 8.〉
③ 모자복지법 제7조의 규정에 의하여 설치된 모자복지상담소는 상담소의 업무를 수행할 수 있다.
④ 상담소의 업무범위에 관하여는 대통령령으로 정하고, 상담소의 설치 및 운영기준, 종사자의 자격기준 및 수와 신고절차, 기타 필요한 사항은 보건복지부령으로 정한다. 〈개정 99. 2. 8.〉

제15조 【여성복지상담원】 ① 시·도, 시·군·구(자치구에 한한다) 및 제14조 제1항의 규정에 의하여 설치된 상담소에는 여성복지상담원(이하 '상담원'이라 한다)을 배치하여야 한다. 〈개정 99. 2. 8.〉
② 상담원의 직무는 다음과 같다.
1. 요보호자의 가정 및 신상에 대한 조사·상담
2. 요보호자의 직업알선
3. 요보호자의 발생을 방지하기 위한 선도

4. 요보호자의 실태파악
5. 요보호자를 위한 지역사회안 시설의 활용 알선
6. 가정문제상담 및 건전한 사회의 조성을 위한 지도・계몽
7. 모자복지법 제8조의 규정에 의한 모자복지상담원의 업무
8. 기타 선도보호사업의 목적달성을 위하여 필요한 업무
③ 상담원은 지방공무원으로 하고, 상담원의 임용자격기준, 배치기준 및 교육훈련 등에 관하여 필요한 사항은 대통령령으로 정한다. 〈개정 99. 2. 8.〉

제16조 【수탁의무】 시설을 설치・운영하는 자는 제8조 제1항 또는 제9조 제1항의 규정에 의하여 요보호자의 입소를 위탁 또는 의뢰받은 경우 정당한 사유없이 이를 거부하지 못한다.

제17조 【폐지・휴지 등의 신고】 제12조 제2항 또는 제14조 제2항의 규정에 의하여 신고한 시설이나 상담소를 폐지 또는 휴지하고자 하거나 그 운영을 재개하고자 하는 자는 보건복지부령이 정하는 바에 의하여 시장・군수・구청장에게 신고하여야 한다.
[전문개정 99. 2. 8.]

제18조 【시설의 폐쇄 등】 ① 시장・군수・구청장은 시설 또는 상담소가 다음 각 호의 1에 해당하는 때에는 그 사업의 정지를 명하거나 시설을 폐쇄할 수 있다. 〈개정 97. 8. 22.〉
1. 제12조 제3항 또는 제14조 제4항의 규정에 의한 시설 또는 상담소의 설치기준에 미달하게 된 때
2. 제16조의 규정에 위반하여 정당한 사유없이 수탁을 거부한 때
3. 제21조의 규정에 위반하여 정당한 사유없이 보고를 하지 아니하거나 허위로 한 때 또는 검사를 거부・방해하거나 기피한 때
4. 이 법 또는 이 법에 의한 명령에 위반한 때
② 제1항의 규정에 의한 행정처분의 세부적인 기준은 그 행정처분의 사유와 위반의 정도 등을 감안하여 보건복지부령으로 정한다. 〈개정 97. 12. 13.〉

제4장 보 칙

제19조 【비용의 보조】 ① 국가 및 지방자치단체는 시설 및 상담소의 설치・운영에 소요되는 비용을 보조할 수 있다.

② 제1항의 규정에 의하여 보조하여야 할 비용의 범위, 기타 필요한 사항은 대통령령으로 정한다.

제20조 【불법원인으로 인한 채권무효】 영리를 목적으로 제4조 제3호 내지 제5호의 행위를 하는 자 또는 이에 협력하는 자가 영업상 관계 있는 윤락행위를 하는 자에 대하여 가지는 채권은 그 계약의 형식에 관계 없이 이를 무효로 한다.

제21조 【지도·감독】 ① 보건복지부장관은 시설 및 상담소를 설치·운영하는 자로 하여금 필요한 보고를 명하거나 자료를 제출하게 할 수 있으며, 관계공무원으로 하여금 시설 및 상담소를 설치·운영하는 자의 사무소 또는 시설 및 상담소에 출입하여 시설·관계서류 등을 검사하게 할 수 있다. 〈개정 97. 12. 13.〉
② 시장·군수·구청장은 제12조 제2항의 시설 및 제14조 제2항의 상담소를 설치·운영하는 자로 하여금 필요한 보고를 명하거나 자료를 제출하게 할 수 있으며, 관계공무원으로 하여금 시설 및 상담소를 설치·운영하는 자의 사무소 또는 시설 및 상담소에 출입하여 시설·관계서류 등을 검사하게 할 수 있다.
③ 제1항 또는 제2항의 규정에 의하여 출입·검사를 행하는 공무원은 그 권한을 나타내는 증표를 지니고 이를 관계인에게 내보여야 한다.

제22조 【청 문】 시장·군수·구청장은 제18조의 규정에 의하여 시설을 폐쇄하고자 하는 경우에는 청문을 실시하여야 한다.
[전문개정 97. 12. 13.]

제23조 【권한의 위임】 이 법에 의한 보건복지부장관 또는 시·도지사의 권한은 그 일부를 대통령령이 정하는 바에 의하여 시·도지사 또는 시장·군수·구청장에게 위임할 수 있다. 〈개정 97. 12. 13.〉

제5장 벌 칙

제24조 【벌 칙】 ① 다음 각 호의 1에 해당하는 자는 5년 이하의 징역 또는 1천 5백만원 이하의 벌금에 처한다.
1. 폭행 또는 협박으로 윤락행위를 하게 한 자
2. 위계로서 또는 남을 곤경에 빠뜨려 윤락행위를 하게 한 자
3. 업무·고용, 기타의 관계로 인하여 자기의 보호 또는 감독을 받는 것을 이용하여 윤락행위를 하게 한 자
② 제1항의 죄를 범한 자가 그 대가의 전부 또는 일부를 받거나 이를 요구 또는 약

속한 때에는 7년 이하의 징역 또는 2천만원 이하의 벌금에 처한다.
③ 20세 미만의 자에 대하여 제1항 및 제2항의 죄를 범한 때에는 10년 이하의 징역에 처한다.
④ 제1항 내지 제3항의 미수범은 처벌한다.
⑤ 제1항·제2항 또는 제4항의 경우(제3항의 미수범을 제외한다)에는 징역과 벌금을 병과할 수 있다.

제25조 【벌 칙】 ① 다음 각 호의 1에 해당하는 자는 5년 이하의 징역 또는 1천5백만원 이하의 벌금에 처한다.
1. 영업으로 윤락행위의 장소를 제공한 자
2. 영업으로 윤락행위를 알선한 자
3. 제1호 또는 제2호의 범죄에 사용되는 사실을 알고 자금, 토지 또는 건물을 제공한 자
② 다음 각 호의 1에 해당하는 자는 3년 이하의 징역 또는 1천만원 이하의 벌금에 처한다.
1. 영업으로 윤락행위를 유인 또는 권유하거나 윤락행위의 상대자가 되도록 유인·권유 또는 강요한 자
2. 윤락행위의 장소를 제공한 자
3. 윤락행위를 알선한 자
4. 영업으로 윤락행위의 장소를 제공하거나 윤락행위를 알선하기로 약속한 자
③ 윤락행위를 하도록 유인 또는 권유하거나 윤락행위의 상대자가 되도록 유인·권유 또는 강요한 자는 2년 이하의 징역 또는 5백만원 이하의 벌금에 처한다.
④ 제1항 내지 제3항의 경우에는 징역과 벌금을 병과할 수 있다.

제26조 【벌 칙】 ① 다음 각 호의 1에 해당하는 자는 2년 이하의 징역 또는 5백만원 이하의 벌금에 처한다. 〈개정 97. 8. 22.〉
1. 제12조 제2항의 규정에 의한 신고를 하지 아니하고 시설을 설치·운영한 자
2. 제6조의 규정에 위반한 시설 또는 상담소의 종사자
② 다음 각 호의 1에 해당하는 자는 1년 이하의 징역 또는 3백만원 이하의 벌금에 처한다. 〈개정 99. 2. 8.〉
1. 제14조 제2항의 규정에 의한 신고를 하지 아니하고 상담소를 설치·운영한 자
2. 제18조 제1항의 규정에 의한 사업의 정지명령에 위반한 자

3. 제21조 제1항 또는 제2항의 규정에 의한 관계공무원의 출입·검사를 거부·방해 또는 기피한 자
③ 윤락행위를 한 자 또는 윤락행위의 상대자가 된 자는 1년 이하의 징역이나 3백만원 이하의 벌금·구류 또는 과료에 처한다.

제27조 【양벌규정】 법인의 대표자, 법인 또는 개인의 대리인, 사용인, 기타 종사원이 그 법인 또는 개인의 업무에 관하여 제24조 내지 제26조의 위반행위를 한 때에는 행위자를 벌하는 외에 그 법인 또는 개인에 대하여도 각 해당조의 벌금형을 과한다.

제28조 【과태료】 ① 다음 각 호의 1에 해당하는 자는 3백만원 이하의 과태료에 처한다. 〈개정 99. 2. 8.〉
1. 제21조 제1항 또는 제2항의 규정에 의한 보고를 하지 아니하거나 허위로 보고한 자
2. 제17조의 규정에 의한 신고를 하지 아니하고 시설 또는 상담소를 폐지 또는 휴지하거나 그 운영을 재개한 자
② 제1항의 규정에 의한 과태료는 대통령령이 정하는 바에 의하여 보건복지부장관, 시·도지사 또는 시장·군수·구청장(이하 '부과권자'라 한다)이 부과·징수한다. 〈개정 97. 12. 13.〉
③ 제2항의 규정에 의한 과태료부과처분에 불복이 있는 자는 그 처분의 고지를 받은 날부터 30일 이내에 부과권자에게 이의를 제기할 수 있다.
④ 제2항의 규정에 의하여 과태료부과처분을 받은 자가 제3항의 규정에 의한 이의를 제기한 때에는 부과권자는 지체 없이 관할법원에 그 사실을 통보하여야 하며, 그 통보를 받은 관할법원은 비송사건절차법에 의한 과태료의 재판을 한다.
⑤ 제3항의 규정에 의한 기간 내에 이의를 제기하지 아니하고 과태료를 납부하지 아니한 때에는 국세체납처분 또는 지방세체납처분의 예에 의하여 이를 징수한다.

부 칙(중략)
부 칙〈1999. 2. 8.〉
① (시행일) 이 법은 공포 후 3개월이 경과한 날부터 시행한다.
② (시설 및 상담소 운영의 재개 신고에 관한 적용례) 제17조의 개정규정에 의한 재개신고는 이 법 시행 후 최초로 휴지신고를 하는 자부터 적용한다.

③ (상담소 설치 신고에 관한 경과조치) 이 법 시행당시 종전의 규정에 의하여 허가를 받은 상담소는 제14조 제2항의 개정규정에 의하여 신고를 한 것으로 본다.
④ (벌칙 적용에 관한 경과조치) 이 법 시행 전의 행위에 대한 벌칙의 적용에 있어서는 종전의 규정에 의한다.

풍속영업의규제에관한법률

제정 1991. 3. 8. 법률 제4337호

개정 1997. 3. 7. 법률 제5295호   개정 1997. 12. 13. 법률 제5453호
개정 1999. 2. 8. 법률 제5925호   개정 1999. 3. 31. 법률 제5942호

제1조 【목 적】 이 법은 풍속영업을 영위하는 장소에서의 선량한 풍속을 해하거나 청소년의 건전한 육성을 저해하는 행위 등을 규제하여 미풍양속의 보존과 청소년의 보호에 이바지함을 목적으로 한다.

제2조 【풍속영업의 범위】 이 법에서 '풍속영업'이라 함은 다음 각 호의 1에 해당하는 영업을 말한다. 〈개정 97. 3. 7., 99. 2. 8., 99. 3. 31.〉

1. 식품위생법 제21조 제1항 제3호의 규정에 의한 식품접객업 중 대통령령으로 정하는 것
2. 공중위생관리법 제2조 제1항 제2호 내지 제4호의 규정에 의한 숙박업, 이용업, 목욕장업 중 대통령령으로 정하는 것
3. 삭제 〈97. 3. 7.〉
4. 음반·비디오물및게임물에관한법률에 의한 비디오물감상실업, 노래연습장업 및 게임제공업
5. 체육시설의설치·이용에관한법률 제10조 제1항 제2호의 규정에 의한 무도학원업 및 무도장업
6. 기타 선량한 풍속을 해하거나 청소년의 건전한 육성을 저해할 우려가 있는 영업으로 대통령령이 정하는 것

제3조 【준수사항】 풍속영업을 영위하는 자(허가 또는 인가를 받지 아니하거나 등록 또는 신고를 하지 아니하고 풍속영업을 영위하는 자를 포함하며, 이하 '풍속영업자'라 한다) 및 대통령령으로 정하는 종사자는 다음 각 호의 사항을 지켜야 한다. 〈개정 97. 3. 7.〉

1. 풍속영업을 영위하는 장소(이하 '풍속영업소'라 한다)에서 윤락행위 또는 음란행위를 하게 하거나 이를 알선 또는 제공하여서는 아니된다.
2. 풍속영업소에서 음란한 문서·도화·영화·음반·비디오물, 기타 물건(이하

'음란한 물건'이라 한다)을 반포・판매・대여하거나 이를 하게 하는 행위와 음란한 물건을 관람・열람하게 하는 행위 및 반포・판매・대여・관람・열람의 목적으로 음란한 물건을 진열 또는 보관하여서는 아니된다.
3. 풍속영업소에서 도박, 기타 사행행위를 하게 하여서는 아니된다.
4. ~ 7. 삭제 〈99. 3. 31.〉

　제4조 【풍속영업의 통보】 ① 다른 법률에 의하여 풍속영업의 허가를 한 자(인가를 하거나 등록・신고를 접수한 자를 포함하며, 이하 '허가관청'이라 한다)는 풍속영업소의 소재지를 관할하는 경찰서장(이하 '경찰서장'이라 한다)에게 다음 각 호의 사항을 통보하여야 한다.
1. 풍속영업자의 성명 및 주소(법인의 경우에는 대표자의 성명 및 주소를 포함한다)
2. 풍속영업소의 명칭 및 주소
3. 풍속영업의 종별
② 허가관청은 풍속영업자가 휴・폐업하거나 그 영업내용이 변경된 때, 기타 대통령령이 정하는 사유가 발생한 때에는 경찰서장에게 그 사실을 통보하여야 한다.

　제5조 삭제 〈99. 3. 31.〉

　제6조 【위반사항의 통보 등】 ① 경찰서장은 풍속영업자 또는 대통령령으로 정하는 종사자가 제3조의 규정을 위반한 때에는 그 사실을 허가관청에 통보하여야 한다. 〈개정 99. 3. 31〉
② 제1항의 규정에 의한 통보를 받은 허가관청은 그 내용에 따라 허가취소・영업정지・시설개수명령 등 필요한 행정처분을 한 후 그 결과를 당해 경찰서장에게 통보하여야 한다.

　제7조 및 제8조 삭제 〈99. 3. 31〉

　제8조의 2 삭제 〈99. 3. 31〉

　제9조 【출 입】 ① 경찰서장은 특히 필요하다고 인정하는 경우에는 경찰공무원으로 하여금 풍속영업소에 출입하여 풍속영업자 및 대통령령으로 정하는 종사자가 제3조의 규정에 의하여 지켜야 할 사항의 준수상태를 검사하게 할 수 있다. 〈개정 99. 3. 31.〉
② 제1항의 규정에 의하여 풍속영업소에 출입하여 검사하는 경찰공무원은 그 권한을 표시하는 증표를 지니고 이를 관계인에게 내보여야 한다.

제10조 【벌 칙】 ① 제3조 제1호 내지 제3호의 규정에 위반한 자는 3년 이하의 징역 또는 2천만원 이하의 벌금에 처한다.
② ~ ③ 삭제 〈99. 3. 31.〉
제11조 삭제 〈99. 3. 31.〉
제12조 【양벌규정】 법인의 대표자나 법인 또는 개인의 대리인, 사용인, 기타의 종업원이 그 법인 또는 개인의 업무에 관하여 제10조의 위반행위를 한 때에는 행위자를 벌하는 외에 그 법인 또는 개인에 대하여도 동 조의 벌금형을 과한다.
제13조 삭제 〈99. 3. 31.〉

부 칙(중략)
제1조~제4조〈생략〉
제5조 【다른 법률의 개정】 ① 체육시설의설치·이용에관한법률 중 다음과 같이 개정한다. 제10조 제1항 제2호 중 '썰매장업'을 '썰매장업·무도학원업·무도장업'으로 한다.
② 청소년보호법 중 다음과 같이 개정한다. 제2조 제5호 가목(3) 중 '풍속영업의규제에관한법률'을 '체육시설의설치·이용에관한법률'로 한다.

아동복지법(발췌)

전문개정 2000. 1. 12. 법률 6151호

제1조 【목 적】 이 법은 아동이 건강하게 출생하여 행복하고 안전하게 자라나 도록 그 복지를 보장함을 목적으로 한다.

제2조 【용어의 정의】 이 법에서 사용하는 용어의 정의는 다음과 같다.
1. '아동'이라 함은 18세 미만의 자를 말한다.
2. '보호를 필요로 하는 아동'이라 함은 보호자가 없거나 보호자로부터 이탈된 아동, 또는 보호자가 아동을 학대하는 경우 등 그 보호자가 아동을 양육하기에 부적당하거나 양육할 능력이 없는 경우의 아동을 말한다.
3. '보호자'라 함은 친권자, 후견인, 아동을 보호·양육·교육하거나 그 의무가 있는 자 또는 업무·고용 등의 관계로 사실상 아동을 보호·감독하는 자를 말한다.
4. '아동학대'라 함은 보호자를 포함한 성인에 의하여 아동의 건강·복지를 해치거나 정상적 발달을 저해할 수 있는 신체적·정신적·성적 폭력 또는 가혹행위 및 아동의 보호자에 의하여 이루어지는 유기와 방임을 말한다.
5. '아동복지시설'이라 함은 제14조의 규정에 의하여 설치된 시설을 말한다.
6. '아동복지시설 종사자'라 함은 아동복지시설에서 아동의 상담·지도·치료·양육 기타 아동의 복지에 관한 업무를 담당하는 자를 말한다.

제3조 【기본이념】 ① 아동은 자신 또는 부모의 성별, 연령, 종교, 사회적 신분, 재산, 장애유무, 출생지역 등에 따른 어떠한 종류의 차별도 받지 않고 자라나야 한다.
② 아동은 완전하고 조화로운 인격발달을 위하여 안정된 가정환경에서 행복하게 자라나야 한다.
③ 아동에 관한 모든 활동에 있어서 아동의 이익이 최우선적으로 고려되어야 한다.

제4조 【책 임】 ① 국가와 지방자치단체는 아동의 건강과 복지증진에 노력하여야 하며 이를 위한 시책을 시하여야 한다.
② 아동의 보호자는 아동을 가정안에서 그의 성장시기에 맞추어 건강하고 안전하게 양육하여야 한다.
③ 모든 국민은 아동의 권익과 안전을 존중하여야 하며, 아동을 건강하게 양육하여

야 한다.
④ 국가와 지방자치단체는 장애아동의 권익을 보호하기 위하여 필요한 시책을 강구하여야 한다.

제29조 【금지행위】 누구든지 다음 각호의 1에 해당하는 행위를 하여서는 아니된다.
1. 아동의 신체에 손상을 주는 학대행위
2. 아동에게 성적 수치심을 주는 성희롱, 성폭행 등의 학대행위
3. 아동의 정신건강 및 발달에 해를 끼치는 정서적 학대행위
4. 자신의 보호·감독을 받는 아동을 유기하거나 의식주를 포함한 기본적 보호·양육 및 치료를 소홀히 하는 방임행위
5. 아동을 타인에게 매매하는 행위
6. 아동에게 음행을 시키거나 음행을 매개하는 행위
7. 장애를 가진 아동을 공중에 관람시키는 행위
8. 아동에게 구걸을 시키거나 아동을 이용하여 구걸하는 행위
9. 공중의 오락 또는 흥행을 목적으로 아동의 건강 또는 안전에 유해한 곡예를 시키는 행위
10. 정당한 권한을 가진 알선기관외의 자가 아동의 양육을 알선하고 금품을 취득하는 행위
11. 아동을 위하여 증여 또는 급여된 금품을 그 목적외의 용도에 사용하는 행위

제38조 【비밀누설의 금지】 아동복지사업 또는 아동보호전문기관을 포함하여 아동복지 업무에 종사하였거나 종사하는 자는 그 직무상 지득한 비밀을 누설하지 못한다.

제40조 【벌 칙】 제29조의 규정에 위반한 자는 다음 각호의 구분에 따라 처벌한다.
1. 제5호 또는 제6호에 해당하는 행위를 한 자는 10연이하의 징역 또는 3천만원이하의 벌금에 처한다.
2. 제1호 내지 제4호, 제7호 및 제8호에 해당하는 행위를 한 자는 5연이하의 징역 또는 1천5백만원 이하의 벌금에 처한다.
3. 제10호 또는 제11호에 해당하는 행위를 한 자는 3연이하의 징역 또는 1천만원 이하의 벌금에 처한다.

4. 제9호에 해당하는 행위를 한 자는 1연이하의 징역 또는 3백만원이하의 벌금에 처한다.

제41조 【벌 칙】 다음 각호의 1에 해당하는 자는 1연이하의 징역 또는 3백만원이하의 벌금에 처한다.
1. 제14조 제2항의 규정에 의한 신고를 하지 아니하고 아동복지시설을 설치한 자
2. 제30조 제1항의 규정에 의한 조사를 거부·방해 또는 기피하거나 질문에 대하여 답변을 거부·기피 또는 허위답변을 하거나, 아동에게 답변을 거부·기피 또는 허위답변을 하게 하거나 그 답변을 방해한 자
3. 허위서류를 작성하여 제19조 제2항의 규정에 의한 아동복지시설종사자의 자격을 인정받은 자
4. 제21조의 규정에 의하여 시설폐쇄명령, 위탁의 취소 또는 사업의 정지명령을 받고 사업을 계속한 자
5. 제38조의 규정에 위반한 자

제42조 【미수범】 제40조 제1호의 미수범은 처벌한다.

남녀차별금지및구제에관한법률

제정 1999. 2. 8. 법률 제5934호

제1장 총 칙

제1조 【목 적】 이 법은 헌법의 남녀평등이념에 따라 고용, 교육, 재화·시설·용역 등의 제공 및 이용, 법과 정책의 집행에 있어서 남녀차별을 금지하고, 이로 인한 피해자의 권익을 구제함으로써 사회의 모든 영역에서 남녀평등의 실현함을 목적으로 한다.

제2조 【정 의】 이 법에서 사용하는 용어의 정의는 다음과 같다.
1. '남녀차별'이라 함은 정치적·경제적·사회적·문화적 생활의 모든 영역에서 인간으로서의 기본적 자유를 인식·향유하거나 권리를 행사함에 있어서 합리적인 이유없이 성별을 이유로 행하여지는 모든 구별·배제 또는 제한을 말한다.
2. '성희롱'이라 함은 업무, 고용, 기타 관계에서 공공기관의 종사자, 사용자 또는 근로자가 그 지위를 이용하거나 업무 등과 관련하여 성적 언동 등으로 성적 굴욕감 또는 혐오감을 느끼게 하거나 성적 언동, 기타 요구 등에 대한 불응을 이유로 고용상의 불이익을 주는 것을 말한다.
3. '공공기관'이라 함은 국가기관·지방자치단체, 기타 대통령령이 정하는 공공단체를 말한다.
4. '사용자'라 함은 사업주 또는 사업경영담당자 기타, 근로자에 관한 사항에 대하여 사업주를 위하여 행위하는 자를 말한다.

제2장 남녀차별의 금지

제3조 【고용에서의 차별금지】 공공기관 및 사용자는 고용분야에 있어서 남녀의 평등한 기회와 대우가 보장되도록 하여야 하며, 채용, 승진, 전보, 해고, 정년 등에 있어서 남녀차별을 하여서는 아니된다.

제4조 【교육에서의 차별금지】 공공기관 및 사용자는 교육에 있어서 교육기회·조건·방법 등에서 남녀차별을 하여서는 아니된다.

제5조 【재화·시설·용역 등의 제공 및 이용에서의 차별금지】 공공기관

및 사용자는 재화 · 시설 · 용역 등의 제공 및 이용에 있어서 남녀차별을 하여서는 아니된다.
    제6조 【법과 정책의 집행에 있어서의 차별금지】 공공기관은 법령에 의하여 직무를 수행하거나 권한을 행사함에 있어서 남녀차별을 하여서는 아니된다.
    제7조 【성희롱의 금지 등】 ① 공공기관의 종사자, 사용자 및 근로자는 성희롱을 하여서는 아니된다.
② 공공기관의 장 및 사용자는 대통령령이 정하는 바에 의하여 성희롱의 방지를 위하여 교육을 실시하는 등 필요한 조치를 강구하여야 한다.
③ 성희롱은 남녀차별로 본다.
    제8조 【남녀차별금지의 예외】 다른 법률에 규정된 남녀평등을 촉진하기 위한 잠정적 조치 등은 이 법에 의한 남녀차별로 보지 아니한다.

제3장 전담기구

    제9조 【남녀차별개선사무의 소관】 ① 남녀차별사항의 조사 · 시정권고 기타 남녀차별개선사무는 정부조직법 제18조 제1항 내지 제3항의 규정에 의한 여성특별위원회(이하 '위원회'라 한다)가 수행한다.
② 위원회로부터 위임받은 남녀차별개선사무를 처리하기 위하여 위원회에 실무위원회를 두며, 실무위원회의 구성 · 운영 · 위원의 자격 등에 관하여 필요한 사항은 대통령령으로 정한다.
    제10조 【기 능】 남녀차별개선사무에 관한 위원회의 기능은 다음 각 호와 같다.
1. 남녀차별사항에 관한 자료요구 등 조사
2. 남녀차별 여부의 결정 · 조정 · 시정권고 · 고발
3. 남녀차별적 법령 · 제도나 정책 등의 개선에 대한 권고 또는 의견표명
4. 제2호 및 제3호의 사항에 관한 조치결과의 통보 요구
5. 남녀차별금지에 대한 기준 및 개선지침의 수립 · 보급
    제11조 【회의의 구분】 ① 위원회의 회의는 위원 전원으로 구성되는 회의(이하 '전원회의'라 한다)와 위원장 또는 상임위원 1인과 비상임위원 4인 이내로 구성되는 회의(이하 '소회의'라 한다)로 구분한다.
② 소회의는 그 관장사항을 처리하기 위하여 부분별로 둔다.

제12조 【전원회의 및 소회의의 관장사항】 ① 전원회의는 다음 각 호의 사항을 심의·의결한다.
1. 제10조의 위원회의 기능에 관한 사항
2. 남녀차별금지에 대한 기준 및 개선지침의 수립
3. 위원회에서 종전에 의결한 결정·의견 등을 변경할 필요가 있는 사항
4. 소회의에서 의결되지 아니하거나 소회의가 전원회의에서 처리하도록 결정한 사항
5. 기타 전원회의에서 스스로 처리하는 것이 필요하다고 인정하는 사항
② 소회의는 제1항 각 호 외의 사항을 심의·의결한다.

제13조 【회의의 의사 및 의결정족수】 ① 전원회의의 의사는 위원장, 위원장이 지명한 상임위원의 순으로 주재하며, 재적위원 과반수의 찬성으로 의결한다.
② 소회의의 의사는 위원장 또는 상임위원이 주재하며, 구성위원 전원의 출석과 출석위원 전원의 찬성으로 의결한다.

제14조 【위원의 기명·날인】 위원회가 이 법의 규정에 의하여 의결하는 경우에는 그 이유를 명시한 의결서로 하여야 하고, 의결에 참여한 위원은 그 의결서에 기명·날인하여야 한다.

제15조 【위원의 제척·기피·회피】 ① 위원은 다음 각 호의 1에 해당하는 사건에 대한 심의·의결에서 제척된다.
1. 위원 또는 그 배우자나 배우자였던 자가 당사자이거나 공동권리자 또는 공동의무자인 사건
2. 위원이 당사자와 가족 및 친족관계에 있거나 당사자의 법률·경영 등에 대한 자문·고문 등으로 있는 사건
3. 위원이 증언이나 감정을 한 사건
4. 위원이 당사자의 대리인으로 관여하거나 관여하였던 사건
② 남녀차별사항을 신청한 자와 당해 공공기관 또는 사용자는 위원에게 심의·의결의 공정을 기대하기 어려운 사정이 있는 경우에는 기피신청을 할 수 있다.
③ 위원장은 제2항의 규정에 의한 기피신청에 대하여 위원회의 의결을 거치지 아니하고 결정한다. 다만, 이 결정에 대하여 당해위원, 공공기관 또는 사용자의 이의가 있는 경우 전원회의의 의결을 거쳐 결정한다.
④ 위원 본인이 제1항 각 호의 1의 사유 또는 제2항의 사유에 해당하는 경우에는

스스로 그 사건의 심의·의결을 회피할 수 있다.

제16조 【간 사】 ① 남녀차별개선의 사무를 처리하기 위하여 위원회에 간사 1인을 둔다.
② 간사는 위원회 소속 공무원 중에서 위원장이 지명하는 자가 된다.

제17조 【공무원 등의 파견】 ① 위원장은 위원회의 업무수행을 위하여 필요하다고 인정하는 경우에는 국가기관·지방자치단체·교육기관 또는 단체 등에 대하여 공무원 또는 직원의 파견을 요청할 수 있다.
② 제1항의 규정에 의한 공무원 등의 파견요청을 받은 기관 또는 단체의 장은 위원회와 협의하여 그 소속 공무원 또는 직원을 위원회에 파견할 수 있다.
③ 제2항의 규정에 의하여 위원회에 파견된 공무원 또는 직원은 그 소속기관 또는 단체로부터 독립하여 위원회의 업무를 수행한다.
④ 제2항의 규정에 의하여 위원회에 공무원 또는 직원을 파견한 기관 또는 단체의 장은 위원회에 파견된 자에 대하여 인사·처우 등에 있어서 불리한 조치를 하여서는 아니된다.

제18조 【전문요원】 ① 위원장은 위원회의 남녀차별개선사무에 관한 전문적인 조사·연구업무를 담당하기 위하여 필요한 경우에는 위원회에 2인 이내의 전문요원을 둘 수 있다.
② 제1항의 전문요원은 위원장이 임명한다.

제19조 【벌칙적용에 있어서의 공무원 의제】 위원회의 공무원이 아닌 위원 및 전문요원은 남녀차별개선사무에 대하여는 형법, 기타 법률에 의한 벌칙의 적용에 있어서 이를 공무원으로 본다.

제20조 【위원회의 준칙】 이 법에 규정된 것 외에 위원회의 남녀차별개선사무의 운영 등에 관하여 필요한 사항은 위원회의 준칙으로 정한다.

제4장 조사 등의 절차

제21조 【남녀차별사항의 시정신청 등】 ① 제3조 내지 제7조의 규정에 위반한 남녀차별로 피해를 입은 자(자연인에 한한다)는 위원회에 이 법에 의한 시정을 신청할 수 있다.
② 제1항의 규정에 의한 남녀차별사항의 시정신청은 다음 각 호의 사항을 기재한 서면 또는 구술로 하여야 한다.

1. 신청인의 이름과 주소
2. 신청의 취지 및 이유와 남녀차별사항의 원인이 되는 사실
3. 기타 대통령령이 정하는 사항

제22조 【남녀차별사항의 조사】 ① 위원회는 남녀차별사항의 시정신청을 접수한 때에는 지체없이 그 사실에 관하여 필요한 조사를 하여야 한다. 다만, 다음 각 호의 1에 해당하는 사항에 관하여는 그러하지 아니하다.
1. 당해 남녀차별사항의 원인이 되는 사실이 발생한 날부터 1년이 경과한 사항
2. 남녀차별사항의 내용이 그 자체로서 허위임이 명백하거나 정당한 이유가 없다고 인정되는 사항
3. 다른 법령에 의하여 처리되었거나 그 처리를 위한 절차가 진행중인 사항
4. 기타 위원회가 조사하는 것이 적절하지 아니하다고 인정하는 사항
② 위원회는 중대한 남녀차별사항이 있다고 믿을 만한 상당한 근거가 있는 때에는 직권으로 필요한 조사를 할 수 있다.
③ 위원회는 다른 기관이 처리하는 것이 적절하다고 판단되는 남녀차별사항을 그 기관에 이송할 수 있다. 이 경우 이송의 방법·절차, 기타 필요한 사항은 대통령령으로 정한다.
④ 위원회는 조사를 개시한 후에도 조사를 계속할 필요가 없다고 인정하는 때에는 이를 종결할 수 있다.
⑤ 위원회는 접수된 남녀차별사항에 관하여 제1항 단서에 의하여 조사를 하지 아니하거나 제3항의 규정에 의하여 다른 기관에 이송한 때와 제4항의 규정에 의하여 조사를 종결한 때에는 그 이유를 붙여 지체없이 신청인에게 통지하여야 한다.
⑥ 제1항의 조사는 대통령령으로 정하는 특별한 사정이 없는 한 시정신청을 접수한 날부터 90일 이내에 완료하여야 한다.

제23조 【조사의 방법】 ① 위원회는 제22조의 규정에 의한 조사를 함에 있어서 필요하다고 인정하는 때에는 다음 각 호의 조치를 할 수 있다.
1. 공공기관 또는 사용자에 대한 설명요구 또는 관계자료·서류 등의 제출요구
2. 신청인·이해관계인 또는 참고인의 출석 또는 의견진술 등의 요구
3. 감정인의 지정 및 감정의 의뢰
② 위원회는 그 업무수행을 위하여 필요하다고 인정하는 때에는 위원회 소속 직원 또는 전문요원으로 하여금 공공기관 또는 사용자에 대하여 실지조사를 하게 하거

나 지정된 장소에서 신청인·이해관계인 또는 참고인의 진술을 듣게 할 수 있다.
③ 제2항의 경우 당해 직원 또는 전문요원은 그 권한을 표시하는 증표를 관계인에게 내보여야 한다.

제24조 【조사의 한계와 사실조회】 ① 위원회가 제23조 제1항 제1호·제2호, 동 조 제2항의 규정에 의하여 설명을 요구하거나 관계자료·서류 등의 제출을 요구하거나 그 실지 조사를 하고자 하는 경우 관계공공기관의 장 또는 사용자로부터 당해 자료 또는 서류 등이 공개되면 국가안전보장·국방·통일·외교관계 등 국가의 중대한 이익을 해할 우려가 있다는 내용의 확인서가 위원회에 제출된 때에는 위원회는 그 자료나 서류 등의 제출을 요구하거나 그 자료 또는 서류 등에 대한 실지조사를 할 수 없다.
② 위원회는 제1항의 규정에 의하여 자료나 서류 등의 제출을 요구하거나 자료 또는 서류 등에 대한 실지조사를 할 수 없는 경우로서 필요하다고 인정할 때에는 관계공공기관의 장 또는 사용자에게 조회하여 필요한 사항의 확인을 요구할 수 있다.

제25조 【합의권고】 위원회는 시정신청을 조사하는 과정에서 남녀차별사항에 해당한다고 인정하는 때에는 신청인 및 피신청인에게 합의를 권고할 수 있다.

제26조 【조정절차의 개시】 ① 위원회는 신청인과 피신청인 사이에 제25조의 합의권고에 따른 합의가 이루어지지 아니한 경우에는 당해 시정신청을 조정에 회부할 수 있다.
② 신청인과 피신청인은 제25조의 합의권고에 따른 합의가 이루어지지 아니한 경우에는 위원회에 조정을 신청할 수 있다.
③ 위원회는 제1항 및 제2항의 규정에 의한 조정회부 또는 조정신청이 있는 경우 지체없이 조정절차를 개시하여야 한다.
④ 조정절차에 관한 필요한 사항은 대통령령으로 정한다.

제27조 【조 정】 조정은 신청인과 피신청인 사이에 합의된 사항을 조정서에 기재한 후 신청인과 피신청인이 기명·날인하고 위원회가 이를 확인함으로써 성립한다. 이 경우 당사자간에 조정서와 동일한 내용의 합의가 성립된 것으로 본다.

제28조 【시정조치의 권고 및 의견표명】 ① 위원회는 제22조의 규정에 의한 조사의 결과 남녀차별사항에 해당한다고 인정할 만한 상당한 이유가 있을 때에는 남녀차별임을 결정하고 당해 공공기관의 장 또는 사용자에게 시정을 위하여 필요한 조치를 권고하여야 한다.

② 제1항의 규정에 의한 시정조치는 다음과 같다.
1. 남녀차별행위의 중지
2. 원상회복・손해배상, 기타 필요한 구제조치
3. 재발방지를 위한 교육 및 대책수립 등을 위한 조치
4. 일간신문의 광고란을 통한 공표
5. 기타 대통령령으로 정하는 사항
③ 위원회는 남녀차별사항을 조사・결정하는 과정에서 법령・제도나 정책 등의 개선이 필요하다고 인정되거나 부당한 행위 또는 이 법의 규정을 위반할 우려가 있는 사실을 발견한 때에는 당해 공공기관의 장이나 사용자에게 이에 대한 합리적인 개선을 권고하거나 의견을 표명할 수 있다.

제29조 【의견제출기회의 부여】 위원회는 제28조 제1항의 규정에 의하여 공공기관의 장 또는 사용자에게 시정조치의 권고를 하기 전에 미리 당해 공공기관의 장・사용자・신청인 또는 이해관계인에게 의견을 제출할 기회를 주어야 한다.

제30조 【결정의 통지】 위원회는 남녀차별사항의 시정신청에 대한 결정을 신청인 및 당해 공공기관의 장 또는 사용자에게 통지하여야 한다.

제31조 【처리결과의 통보】 ① 제28조의 규정에 의한 시정조치의 권고나 개선권고 또는 의견을 통보받은 공공기관의 장 또는 사용자는 특별한 사유가 있음을 소명하지 못하는 한 이에 응하여야 한다.
② 제1항의 공공기관의 장 또는 사용자는 시정조치의 권고나 개선권고 또는 의견을 통보받은 날부터 30일 이내에 그 처리결과를 위원회에 통보하여야 한다.
③ 위원회는 제2항의 규정에 의한 처리결과의 통보를 받은 때에는 신청인에게 그 내용을 통지하여야 한다.

제32조 【이의신청】 ① 이 법에 의한 위원회의 시정조치의 권고에 대하여 불복이 있는 자는 그 처분의 고지를 받은 날부터 30일 이내에 그 사유를 갖추어 위원회에 이의신청을 할 수 있다.
② 위원회는 제1항의 규정에 의한 이의신청에 대하여 30일 이내에 재결을 하여야 한다. 다만, 부득이한 사정으로 그 기간 내에 재결을 할 수 없는 경우에는 30일의 범위 안에서 결정으로 그 기간을 연장할 수 있다.

제33조 【공 표】 위원회는 제28조의 규정에 의한 시정조치의 권고나 개선권고 또는 의견과 제31조 제2항의 규정에 의한 처리결과의 내용을 공표할 수 있다.

다만, 다른 법률의 규정에 의하여 공표가 제한되거나 개인의 사생활의 비밀이 침해될 우려가 있는 경우에는 그러하지 아니하다.

제34조 【고 발】 위원회는 남녀차별사항을 조사한 결과 그 내용이 관계법률의 형사처벌규정에 위반된다고 인정할 때에는 관할 수사기관 등에 고발할 수 있다.

제35조 【소송지원】 ① 위원회는 제28조의 규정에 의하여 남녀차별사항으로 결정된 사항에 대하여 여성발전기본법 제30조의 규정에 의한 여성발전기금으로 소송을 지원할 수 있다.
② 제1항의 규정에 의한 위원회의 소송지원요건 및 절차 등은 대통령령으로 정한다.

제5장 보 칙

제36조 【국회에의 보고】 ① 위원회는 매년 정기국회에 전년도의 남녀차별사항에 관한 시정사항, 기타 활동 등에 관한 연차보고서를 제출하여야 한다.
② 제1항의 규정에 의한 연차보고서의 작성에 필요한 사항은 대통령령으로 정한다.

제37조 【협조요청】 위원회는 직무수행상 필요하다고 인정되는 경우에는 공공기관에 대하여 자료제출 등의 협조를 요청할 수 있다. 이 경우 요청을 받은 공공기관은 특별한 사유가 없는 한 이에 응하여야 한다.

제38조 【벌 칙】 제23조 제2항의 규정에 의한 실지조사를 정당한 이유없이 방해한 자는 2년 이하의 징역 또는 1천만원 이하의 벌금에 처한다.

제39조 【과태료】 ① 다음 각 호의 1에 해당하는 자는 1천만원 이하의 과태료에 처한다.
1. 제23조 제1항 제1호의 규정에 위반하여 관계자료·서류 등의 제출을 거부하거나 허위의 관계자료·서류 등을 제출한 자
2. 제23조 제1항 제2호의 규정에 위반하여 정당한 사유없이 출석을 하지 아니한 자
3. 제23조 제2항의 규정에 의한 실지조사를 거부 또는 기피한 자
② 제23조 제1항 제3호의 규정에 의하여 감정을 의뢰받은 자가 허위의 감정을 한 때에는 5백만원 이하의 과태료에 처한다.
③ 제1항 내지 제2항의 규정에 의한 과태료는 대통령령이 정하는 바에 의하여 위원회가 부과·징수한다.

④ 제3항의 규정에 의한 과태료처분에 불복이 있는 자는 그 처분의 고지를 받은 날부터 30일 이내에 위원회에 이의를 제기할 수 있다.
⑤ 제3항의 규정에 의한 과태료처분을 받은 자가 제4항의 규정에 의하여 이의를 제기한 때에는 위원회는 지체없이 관할법원에 그 사실을 통보하여야 하며, 그 통보를 받은 관할법원은 비송사건절차법에 의한 과태료의 재판을 한다.
⑥ 제4항의 규정에 의한 기간 내에 이의를 제기하지 아니하고 과태료를 납부하지 아니한 때에는 국세체납처분의 예에 의하여 이를 징수한다.

부 칙
① (시행일) 이 법은 1999년 7월 1일부터 시행한다.
② (다른 법률의 개정) 〈생략〉

남녀고용평등법

제정 1987. 12. 4. 법률 제3989호

개정 1989. 4. 1. 법률 제4126호 개정 1995. 8. 4. 법률 제4976호
개정 1999. 2. 8. 법률 제5933호

제1장 총 칙

제1조 【목 적】 이 법은 헌법의 평등이념에 따라 고용에 있어서 남녀의 평등한 기회 및 대우를 보장하는 한편 모성을 보호하고 직업능력을 개발하여 근로여성의 지위향상과 복지증진에 기여함을 목적으로 한다.

제2조 【기본이념】 근로여성은 경제 및 사회발전에 기여하며 다음 세대의 출산과 양육에 중요한 역할을 담당하는 자이므로 모성을 보호받으면서 성별에 의한 차별없이 그 능력을 직장생활에서 최대한 발휘할 수 있어야 한다. 〈개정 89. 4. 1.〉

제2조의 2 【정 의】 ① 이 법에서 '차별'이라 함은 사업주가 근로자에게 성별, 혼인 또는 가족상의 지위, 임신 등의 사유로 합리적인 이유없이 채용 또는 근로의 조건을 달리하거나 기타 불이익한 조치를 취하는 것을 말한다. 이 경우 사업주가 여성 또는 남성 어느 한 성이 충족하기 현저히 어려운 인사에 관한 기준이나 조건을 적용하는 것도 차별로 본다. 〈개정 99. 2. 8.〉

② 이 법에서 '직장 내 성희롱'이라 함은 사업주, 상급자 또는 근로자가 직장 내의 지위를 이용하거나 업무와 관련하여 다른 근로자에게 성적인 언어나 행동 등으로 또는 이를 조건으로 고용상의 불이익을 주거나 또는 성적 굴욕감을 유발하게 하여 고용환경을 악화시키는 것을 말한다. 〈신설 99. 2. 8.〉

③ 근로여성에 대한 모성보호는 이 법에서 말하는 차별로 보지 아니한다.

④ 현존하는 차별을 해소하기 위하여 국가, 지방자치단체 또는 사업주가 잠정적으로 특정 성의 근로자를 우대하는 조치를 취하는 것은 이 법에서 말하는 차별로 보지 아니한다. [본조신설 89. 4. 1.]

제3조 【적용범위】 ① 이 법은 근로기준법의 적용을 받는 사업 또는 사업장(이하 '사업'이라 한다)에 적용한다. 다만, 대통령령이 정하는 사업에는 적용하지 아니한다.

② 근로여성의 지위향상과 복지증진에 관하여 다른 법률에 특별한 규정이 있는 경우를 제외하고는 이 법에 의한다.
　제4조 【관계자의 책무】 ① 근로여성은 직업인으로서의 자각을 가지고 스스로 그 능력의 개발과 향상을 도모하고 이를 직장생활에서 발휘하도록 노력하여야 한다.
② 사업주와 국가 및 지방자치단체는 제2조의 기본이념에 따라 근로여성의 지위향상과 복지증진에 노력하여야 한다.
③ 국가와 지방자치단체는 근로여성의 복지에 대하여 국민의 관심과 이해를 증진시키고 근로여성이 직업인으로서 요구되는 능력을 갖도록 하는 개발활동을 행하여야 하며 근로여성의 능력발휘를 저해하는 모든 요인을 해소하기 위하여 필요한 노력을 하여야 한다.
　제5조 【근로여성복지 기본계획 수립】 ① 노동부장관은 근로여성의 복지증진에 관한 기본계획(이하 '기본계획'이라 한다)을 수립하여야 한다.
② 제1항의 기본계획에는 다음의 사항이 포함되어야 한다.
1. 여성취업의 촉진에 관한 사항
2. 남녀의 평등한 기회보장에 관한 사항
3. 근로여성의 능력개발에 관한 사항
4. 근로여성의 모성보호에 관한 사항
5. 근로여성을 위한 복지시설의 설치 및 운영에 관한 사항
6. 기타 근로여성의 지위향상과 복지증진을 위하여 노동부장관이 필요하다고 인정하는 사항
③ ~ ④ 삭제 〈99. 2. 8.〉

제2장 고용에 있어서 남녀의 평등한 기회 및 대우 등

　제6조 【모집과 채용】 ① 사업주는 근로자의 모집 및 채용에 있어서 여성에게 남성과 평등한 기회를 주어야 한다.
② 사업주는 여성근로자를 모집·채용함에 있어서 모집·채용하고자 하는 직무의 수행에 필요로 하지 아니하는 용모·키·체중 등의 신체적 조건, 미혼조건, 기타 노동부령이 정하는 조건을 제시하거나 요구하여서는 아니된다. 〈신설 95. 8. 4.〉
　제6조의 2 【임 금】 ① 사업주는 동일한 사업 내의 동일가치의 노동에 대하여

는 동일한 임금을 지급하여야 한다.
② 동일가치노동의 기준은 직무수행에서 요구되는 기술, 노력, 책임 및 작업조건 등으로 하고, 사업주가 그 기준을 정함에 있어 제14조의 규정에 의한 고충처리기관의 근로자를 대표하는 자의 의견을 들어야 한다. 〈개정 95. 8. 4.〉
③ 임금차별을 목적으로 사업주에 의하여 설립된 별개의 사업은 동일한 사업으로 본다.
[본조신설 89. 4. 1]

제6조의3 【임금 외의 금품 등】 사업주는 임금 외에 근로자의 생활을 보조하기 위한 금품의 지급 또는 자금의 융자에 있어서 여성인 것을 이유로 남성과 차별대우를 하여서는 아니된다.
[본조신설 95. 8. 4.]

제7조 【교육·배치 및 승진】 사업주는 근로자의 교육·배치 및 승진에 있어서 혼인, 임신, 출산 또는 여성인 것을 이유로 남성과 차별대우를 하여서는 아니된다. 〈개정 95. 8. 4.〉

제8조 【정년·퇴직 및 해고】 ① 사업주는 근로자의 정년 및 해고에 관하여 여성인 것을 이유로 남성과 차별하여서는 아니된다.
② 사업주는 근로여성의 혼인·임신 또는 출산을 퇴직사유로 예정하는 근로계약을 체결하여서는 아니된다.

제8조의 2 【직장 내 성희롱의 예방】 ① 사업주는 직장 내 성희롱을 예방하고 근로자가 안전한 근로환경에서 일할 수 있는 여건조성을 위해 다음 각 호의 조치를 취하여야 한다.
1. 직장 내 성희롱의 예방을 위한 교육의 실시
2. 직장 내 성희롱을 한 자에 대한 부서전환, 징계, 기타 이에 준하는 조치
② 사업주는 직장 내 성희롱과 관련하여 그 피해근로자에게 고용상의 불이익한 조치를 하여서는 아니된다.
[본조신설 99. 2. 8.]

제9조 【직업지도】 직업안정기관은 근로여성이 적성·능력·경력 및 기능의 정도에 따라 직업을 선택하고, 직업에 적응하는 것을 쉽게 하기 위하여 고용정보 및 직업에 관한 조사·연구의 자료를 제공하는 등 직업지도에 필요한 조치를 하여야 한다.

제10조 【직업훈련 등】 국가와 지방자치단체는 근로여성의 능력의 개발 및 향상을 위하여 모든 직업훈련에 있어서 남성과 평등한 기회를 보장하고 근로여성을 위한 직업훈련시설과 장비의 확보, 기타 필요한 조치를 하여야 한다.

제3장 모성보호 및 복지시설 설치

제11조 【육아휴직】 ① 사업주는 생후 1년 미만의 영아를 가진 근로여성 또는 그를 대신한 배우자인 근로자가 그 영아의 양육을 위하여 휴직(이하 '육아휴직' 이라 한다)을 신청하는 경우에 이를 허용하여야 한다. 다만, 대통령령으로 정하는 경우에는 그러하지 아니하다. 〈개정 95. 8. 4.〉
② 제1항의 규정에 의한 육아휴직기간은 1년 이내로 하되, 당해 영아가 생후 1년이 되는 날을 경과할 수 없다. 〈개정 95. 8. 4.〉
③ 사업주는 제1항의 규정에 의한 육아휴직을 이유로 불리한 처우를 하여서는 아니되며, 제2항의 육아휴직기간은 근속기간에 포함한다. 〈개정 95. 8. 4.〉
④ 육아휴직의 신청방법, 신청절차, 기타 필요한 사항은 대통령령으로 정한다. 〈신설 95. 8. 4.〉

제12조 【보육시설】 ① 사업주는 근로자의 취업을 지원하기 위하여 수유·탁아 등 육아에 필요한 보육시설(이하 '직장보육시설' 이라 한다)을 설치하고, 이를 노동부장관에게 신고하여야 한다.
② 제1항의 규정에 의한 직장보육시설을 설치하여야 할 사업주의 범위 등 직장보육시설의 설치 및 운영에 관하여는 영유아보육법에 의한다.
[전문개정 95. 8. 4.]

제13조 【복지시설 설치】 ① 국가와 지방자치단체는 근로여성을 위한 교육·육아·주택 등 공공복지시설을 설치할 수 있다.
② 근로여성을 위한 제1항의 복지시설의 기준과 운영에 관하여 필요한 사항은 노동부장관이 정한다.

제4장 분쟁의 조정

제14조 【분쟁의 자율적 해결】 ① 사업주는 제6조, 제6조의 2, 제6조의 3, 제7조, 제8조, 제8조의 2, 제11조 및 제12조의 규정에 의한 사항에 관하여 근로자로

부터 고충의 신고를 받은 때에는 당해 사업장에 설치하는 고충처리기관에 고충의 처리를 위임하는 등 그 자율적인 해결을 위하여 노력하여야 한다. 〈개정 95. 8. 4., 99. 2. 8.〉
② 제1항의 고충처리기관은 각기 동수의 사업주를 대표하는 자와 당해 사업장의 근로자를 대표하는 자로 구성하되, 당해 사업장에 노동조합이 있는 경우에는 그 노동조합의 여성근로자대표를 근로자를 대표하는 자로 하여야 한다.
③ 제1항의 규정에 의한 고충처리기관을 설치하여야 할 사업주의 범위, 설치방법, 고충처리절차, 기타 필요한 사항은 대통령령으로 정한다. 〈신설 95. 8. 4.〉
[전문개정 89. 4. 1.]

제15조 【분쟁해결의 지원】 지방노동행정기관의 장은 제14조의 규정에 의하여 근로자가 신고한 고충이 자율적으로 해결되지 아니한 경우 그 근로자 또는 근로자가 속한 사업장의 노동조합과 당해 사업주(이하 '관계당사자'라 한다)의 쌍방 또는 일방으로부터 그 고충의 해결에 대한 지원을 요청받은 때에는 10일 이내에 그 관계당사자에게 필요한 조언·지도 또는 권고를 하거나 고용평등위원회로 하여금 조정하도록 한다. 〈개정 89. 4. 1., 95. 8. 4.〉

제16조 【고용평등위원회의 설치】 ① 제15조의 규정에 의한 관할구역 내의 분쟁의 조정과 근로여성의 취업촉진 및 고용평등에 관한 다음 각 호의 사항을 협의하기 위하여 지방노동행정기관에 고용평등위원회(이하 '위원회'라 한다)를 둔다. 〈개정 95. 8. 4.〉
1. 근로여성의 취업촉진
2. 고용에 있어서의 남녀의 평등한 기회 및 대우 보장
3. 근로여성의 모성보호
4. 근로여성을 위한 복지시설 설치 및 운영
5. 기타 근로여성의 지위향상과 복지증진에 관련된 사항
② 삭제 〈95. 8. 4.〉

제17조 【위원회의 구성 등】 ① 위원회는 위원장을 포함한 15인의 위원으로 구성하되 근로자를 대표하는 자, 사업주를 대표하는 자, 공익을 대표하는 자 각 5인으로 구성한다. 다만, 근로자를 대표하는 위원은 노동조합에서, 사업주를 대표하는 위원은 사업주단체에서, 공익을 대표하는 위원은 근로여성에 관한 학식과 경험이 풍부한 자 및 여성관련업무와 관계되는 공무원 중에서 지방노동청장의 제청에

의하여 노동부장관이 위촉한다. 〈개정 89. 4. 1., 95. 8. 4.〉
② 위원회에 분쟁의 조정에 필요한 사항의 조사, 기타 위원회의 업무를 지원하게 하기 위하여 2인 이내의 상근전문위원을 둔다. 〈개정 95. 8. 4.〉
③ 위원의 자격·임용 등에 관하여 필요한 사항은 대통령령으로 정한다.

제18조 【위원회의 조정】 ① 위원회는 관계당사자 또는 행정기관에 대하여 출석, 자료의 제출, 기타 필요한 협력을 요구할 수 있다.
② 위원회는 분쟁의 조정안을 작성하여 이를 관계당사자에게 수락하도록 권고할 수 있다.
③ 관계당사자가 조정안을 수락한 때에는 위원회는 조정서를 작성하여야 하며, 조정서에 정한 기준에 달하지 못하는 근로조건을 정한 근로계약은 그 부분에 한하여 무효로 하고, 무효로 된 부분은 조정서에 정한 기준에 의한다.
④ 위원회는 신청을 받은 날로부터 30일 이내에 조정의 결과를 관계당사자에게 통보하여야 한다.
⑤ 위원회의 분쟁조정절차·운영 등에 관한 사항은 노동부령으로 정한다.
[전문개정 89. 4. 1.]

제19조 【입증책임】 이 법률과 관련한 분쟁해결에서의 입증책임은 사업주가 부담한다.
[본조신설 89. 4. 1.]

제5장 보 칙

제20조 【보고 및 검사 등】 ① 노동부장관은 이 법 시행을 위하여 필요한 경우에는 사업주에게 필요한 보고와 관계서류의 제출을 명하거나 관계공무원으로 하여금 사업장에 출입하여 관계인에게 질문을 하거나 관계서류를 검사하게 할 수 있다.
② 제1항의 경우에 관계공무원은 그 권한을 표시하는 증표를 관계인에게 내보여야 한다.
[전문개정 95. 8. 4.]

제20조의 2 【고용평등이행실태 등의 공표】 노동부장관은 이 법 시행의 실효성을 확보하기 위하여 필요하다고 인정하는 경우에는 고용평등이행실태, 기타 조사결과 등을 공표할 수 있다. 다만, 다른 법률에 의하여 공표가 제한되어 있는 경

우는 그러하지 아니하다.
[본조신설 99. 2. 8.]

제21조 【경비보조】 ① 국가, 지방자치단체 및 공공단체는 여성의 취업촉진과 복지증진에 관련되는 사업에 대하여 예산의 범위 안에서 그 경비의 전부 또는 일부를 보조할 수 있다.
② 국가·지방자치단체 또는 공공단체는 제1항의 규정에 의하여 보조를 받은 자가 다음 각 호의 1에 해당하는 때에는 보조금 교부결정의 전부 또는 일부를 취소하고 교부된 보조금의 전부 또는 일부를 반환하도록 명할 수 있다.
1. 사업의 목적 외에 보조금을 사용한 때
2. 보조금의 교부결정의 내용(그에 조건을 붙인 경우에는 그 조건을 포함한다)을 위반한 때
3. 사위, 기타 부정한 방법으로 보조금의 교부를 받은 때
4. 이 법 또는 이 법에 의한 명령에 위반한 때
[전문개정 95. 8. 4.]

제21조의 2 【권한의 위임 및 위탁】 노동부장관은 대통령령이 정하는 바에 의하여 이 법에 의한 권한의 일부를 지방노동행정기관의 장 또는 지방자치단체의 장에게 위임하거나 공공단체에 위탁할 수 있다.
[본조신설 95. 8. 4.]

제22조 【시행령】 이 법 시행에 관하여 필요한 사항은 대통령령으로 정한다.

제6장 벌 칙

제23조 【벌 칙】 ① 사업주가 제6조의 2 제1항, 제8조의 규정에 위반한 행위를 한 경우에는 2년 이하의 징역 또는 1천만원 이하의 벌금에 처한다. 〈개정 95. 8. 4.〉
② 사업주가 제6조, 제6조의 3, 제7조, 제8조의 2 제2항, 제11조 제1항·제3항의 규정에 위반한 행위를 한 경우에는 5백만원 이하의 벌금에 처한다. 〈개정 95. 8. 4., 99. 2. 8.〉
[본조신설 89. 4. 1.]

제23조의 2 【과태료】 ① 다음 각 호의 1에 해당하는 자는 3백만원 이하의 과태료에 처한다. 〈개정 99. 2. 8.〉

1. 제8조의 2 제1항의 규정에 의한 조치를 하지 아니한 자
2. 제20조 제1항의 규정에 의한 보고 또는 관계서류의 제출을 거부하거나 허위로 보고 또는 제출한 자
3. 제20조 제1항의 규정에 의한 검사를 거부, 방해 또는 기피한 자
② 제1항의 규정에 의한 과태료는 대통령령이 정하는 바에 의하여 노동부장관이 부과·징수한다.
③ 제2항의 규정에 의한 과태료처분에 불복이 있는 자는 그 처분의 고지를 받은 날부터 30일 이내에 노동부장관에게 이의를 제기할 수 있다.
④ 제2항의 규정에 의한 과태료처분을 받은 자가 제3항의 규정에 의하여 이의를 제기한 때에는 노동부장관은 지체없이 관할법원에 그 사실을 통보하여야 하며, 그 통보를 받은 관할법원은 비송사건절차법에 의한 과태료의 재판을 한다.
⑤ 제3항의 규정에 의한 기간 내에 이의를 제기하지 아니하고 과태료를 납부하지 아니한 때에는 국세체납처분의 예에 의하여 이를 징수한다. [본조신설 95. 8. 4.]

제24조 【양벌규정】 법인의 대표자나 법인 또는 개인의 대리인, 사용인, 기타의 종업원이 그 법인 또는 개인의 업무에 관하여 제22조의 위반행위를 한 때에는 그 행위자를 벌하는 외에 그 법인이나 개인에 대하여도 동 조의 벌금형을 과한다.

부 칙(중략)
부 칙〈1999. 2. 8.〉
이 법은 공포한 날부터 시행한다.